Bibliografische Information der Deutschen Nationalbibliothek:

Die Deutsche Bibliothek verzeichnet diese Publikation in der Deutschen National-
bibliografie; detaillierte bibliografische Daten sind im Internet über http://dnb.d-
nb.de/ abrufbar.

Impressum:

Copyright © 2016 GRIN Verlag, Open Publishing GmbH
Druck und Bindung: Books on Demand GmbH, Norderstedt Germany
ISBN: 9783668384750

Dieses Buch bei GRIN:

http://www.grin.com/de/e-book/351181/vorlesungstranskript-geschichte-der-bun-
desrepublik-deutschland-erstes

Mike G.

Vorlesungstranskript "Geschichte der Bundesrepublik Deutschland" (erstes Semester)

Vorlesungstranskript Geschichte

Die hier vorliegende Arbeit entstand im Zuge des Vorlesungsmoduls „Geschichte der Bundesrepublik Deutschland" im ersten Semester. Es handelt sich dabei um eine Zusammenfassung der innerhalb der Vorlesung besprochenen und diskutierten Themen.

An dieser Stelle sei gesagt, dass diese Arbeit nicht unbedingt als Klausurvorbereitung genutzt werden kann, da das Thema „deutsche Nachkriegsgeschichte" äußerst komplex und vielschichtig ist, sodass Professoren ihre eigenen Schwerpunkte setzten. Die vorliegende Vorlesungsmitschrift spiegelt die Präferenzen eines Professors wider, dies bedeutet jedoch nicht zugleich, dass es sich um allgemeine Schwerpunkte innerhalb des Faches „Geschichte" handelt.

- **Allgemeines.**
  - Geschichte ist keine objektive Wissenschaft.
    - Deutungen und Analysen sind immer geprägt von Ideologie des Historikers, Zeitpunkt / Umstände uvm.
      - → Kein schwarz-weiß Denken, sondern Argumentation wichtig.

- **Kriegsende.**
  - Zweiter Weltkrieg hat mit Kriegserklärung an Polen am 1. September 1945 begonnen und endete am 7.Mai (Reims, Erklärung gegenüber Amerika, England und Frankreich) bzw. am 8. Mai 1945 (Karlshorst, Erklärung gegenüber UdSSR).
  - Mehr als 50 Millionen Opfer (Opfer im engeren Sinne: Soldaten; im weiteren Sinne Zivilisten).
    - UdSSR 27 Mio. Tote, China 13.5 Mio., Deutschland auf Platz 4 mit 6.5 Mio..
  - Politisches Ende des Zweiten Weltkrieges am 5. Juni 1945 durch die **Berliner Deklaration**.
    - Kriegsschuldartikel, Frage nach Grenzen und rechtlicher Stellung bleibt offen, Bedingungslose Kapitulation, damit Dolchstoß-Legende (unbesiegt im Feld) nicht wieder entsteht.
  - Unterteilung der deutschen Gebiete in 4 Zonen, nachdem Gebiete östlich der Oder-Neisel-Linie an Polen übergeben wurden, als Kompensation für sowjetische Osterweiterung durch Hitler-Stalin-Pakt.
    - Der deutsche Staat wurde offiziell erobert, nicht befreit.
    - Alliierte wollen verhindern, dass je wieder eine Gefahr von deutschen Boden ausgeht.

- **Kriegsfolgen.**
  - Heuss: 8. Mai als „tragischstes Paradoxon der Geschichte", weil Deutschland gleichzeitig befreit und erobert wurde.
  - 9 bis 11 Mio. displaced persons werden befreit und dürfen wieder nach Hause zurückkehren.
    - Die ca. 2 Millionen Franzosen konnten sofort nach Hause gehen.
    - Mehr als 2 Millionen Sowjets konnten nicht mehr nach Hause gehen, wurden nämlich bei Versuch der Heimreise von KGB abgefangen.
      - Wegen Vergangenheit in Deutschland wurde man sozial geächtet und staatlich diskriminiert.
      - Verwundete oder gefangengenommene Rote Armeeisten sollten von Roter Armee wie Feinde bekämpft werden, da Befehl gegeben wurde, sich nicht lebendig gefangen nehmen zu lassen.
      => Zweiter Weltkrieg wirkt über den 8. Mai hinaus und prägt das Leben vieler Menschen bis zu ihrem Tode.
  - 10 Millionen gefangene deutsche Soldaten wurden unterschiedlich behandelt.
    - In britischer Zone nach 1 Jahr Gefangenschaft wieder entlassen.
    - In SBZ erst nach 10 Jahren unmenschlicher Gefangenschaft und Zwang zur Arbeit.
  - **Auswirkungen auf die Zivilisten.**
    - Bis zum achten Mai hießen sie Flüchtlinge, danach Vertriebene.

$\rightarrow$ Zahlreiche fliehen vor Roter Armee in den Westen.
=> 1945/46 war die größte Völkerwanderung in Europa.

- **17. Juli – 2. August 1945 Potsdamer Konferenz.**
- Geographische und politische Neuordnung Europas wurde diskutiert.
  - $\rightarrow$ Einteilung in Zonen, Oder-Neisel-Linie beschlossen.
- Zwei bedeutende Fehler, welche bei Potsdamer Konferenz gemacht wurden.
  - Amerikanische Zone hatte keinen Versorgungsweg, deshalb nachträglich Bremerhaven zugeteilt worden.
  - Freier Zugang nach Berlin wurde nicht verhandelt, deshalb Berlin Blockade völkerrechtlich legitim.
- Am 4. August darf sich Frankreich den Siegermächten anschließen.
  => Vier Ds wurden beschlossen und prägten das Leben der Deutschen nachhaltig.

- **Demontage.**
- Für Demilitarisierung und Reparation durchgeführt.
- Im Industriebeschränkungsplan von 1946 werden Normen und Regelungen getroffen (woher, wie viel, was genau).
  - Jede Besatzungsmacht darf sich für Reparation aus eigener Zone bereichern.
  - UdSSR bekommt zusätzlich noch 15% er Industrieanlagen aus anderen Zonen gegen Lebensmittellieferung und 10% ohne Gegenleistung.
- **(I) Französische Zone**: Gierig, Montage aller Industrieanlagen und Abbau der Rohstoffe; Franzosen-Hieb: Radikale Abholzung des Schwarzwaldes.
- **(II) Britische Zone**: Wegen Kolonialerfahrung nicht so stark geplündert, Industrieniveau so gehalten, dass sich Zone gerade selbst noch ernähren kann, Konkurrenz zu britischen Produkten wurde abgeschafft.
- **(III) Amerikanische Zone**: Benötigten keine Industrieanlagen aus Deutschland, Abbau wegen Demilitarisierung, Verschiffen von Waffen in die USA, Einfuhr von know-how (Forschungsberichte, Wissenschaftler und Patente (Aspirin von Bayer weggenommen)).
- **(IV) SBZ**: Am meisten demontiert worden, Kunstwerke geklaut, Leistungen in Auftrag gegeben und mit in der Reichsbank gefundenem Geld bezahlt, Enteignung.
  $\rightarrow$ Reparationskonjunktur in SBZ, da letzte Reserven zur Produktion für die Sowjets genutzt werden mussten.
  => UdSSR hat mit insgesamt 14 Mrd. $ doppelt so viel Reparation erworben als andere drei Zonen zusammen.
- Marshallplan brachte lediglich 1.4 Mrd. $, deshalb war Reparation ziemlich hoch.
- Im Schatten des Kalten Krieges wurde die Demontage, welche für viele Jahre angedacht war, grundlegend überdacht.
  - In der BRD endete Demontage 1950, in der DDR erst 1954.
    => Deutschland und dessen wirtschaftliche Stabilität wurden immer wichtiger.

- **Denazifizierung.**
- Politische Macht im Dritten Reich darf nicht unterschätzt werden, haben ausgeklügeltes Staatssystem implementiert und verwaltet.
- **4 Phasen der Judenverfolgung in NS Zeit.**
  - **1933 – 1934 Hetz- und Terrorphase.**
    - Drohungen und Boykottmaßnahmen von SA / SS nicht umfangreich geplant worden.
  - **1934 – 1938 Nürnberger Gesetze und systematische Ausgrenzung der Juden.**
    - Ausschluss aus einigen Berufsgruppen (Notare, Beamte, Ärzte, Rechtsanwälte) und öffentlichem Leben sowie finanzielle Repressalien gefordert.
      => Teilt Bevölkerung in 2 Klassen auf: „nichtarische Staatsangehörige" und „arische Reichsbürger".

- **1938 – 1941 Einengung und Kontrolle der jüdischen Lebensverhältnisse.**
  - Erlassung des Judensterns, Bildung und Abschiebung in Judenghettos.
- **1941 – 1945 Shoah.**
  - Nach Wannseekonferenz systematische Tötung aller Juden.
- Frage nach der Schuld und Aufklärung stellte sich.
  - Bevölkerung wurden die Schrecken des KZ's gezeigt, wurden dort hineingeführt oder mussten sich Dokumentationen darüber anschauen.
- **Seit dem 20. November 1945 tagt Gericht in Nürnberg.**
  - Führt Anklage gegen 24 führende NS – Personen und sechs Kollektive (SS, SA, NSDAP, deutsche Regierung, Gestapo und Oberkommando der Wehrmacht).
  - **Vier Anklagepunkte:**
    - Verschwörung gegen den Frieden (Planung eines Krieges im Frieden),
    - Verbrechen gegen den Frieden (Durchführung eines Krieges),
    - Kriegsverbrechen (Partisanenkampf) und
    - Verbrechen gegen die Menschlichkeit (systematische Tötung der Juden, völlig neuer Punkt).
    => 12 Todesurteile (eingeäschert, damit kein Wallfahrtsort entstehen kann).
- Jeder 6. Deutsche (über 10 Millionen) war Mitglied der NSDAP oder einer seiner Unterorganisationen gewesen.
  - Sonderprozesse gegen führende Persönlichkeiten (Ärzte, Lehrer, Beamte).
  - „Persilscheine": Zeugenberichte, welche eigene Unschuld beweisen sollen.
  - Genaue Untersuchungen wer ein Nazi war / ist lösen sich im Laufe des ersten Nachkriegsjahres auf, da bürokratischer Aufwand zu hoch und aufkommender Kalter Krieg einen neuen, schlimmeren Feind schafft.

- **Das Leben in Deutschland nach dem Krieg.**
- Vier große Probleme / Sehnsüchte der Menschen.
- **(1) Satt werden!**
  - Drittes Reich hatte ein ausgearbeitetes Versorgungssystem gehabt und u.a. durch Diebstahl von Nahrungsmitteln aus besetzten Gebieten das eigene Volk versorgt.
  - Nach der Eroberung bricht Versorgung zusammen.
    - Mit 1100 Kalorien gab es in der amerikanischen Zone die höchste Nahrungsversorgung, mit 700 die niedrigste in der französischen Zone.
  - Ausgeteilte Lebensmittelmarken ähnelten jenen aus dem Dritten Reich, reichten aber kaum für das Überleben.
  - Schwarzmarkt war zu teuer (entstand, da Landwirte nicht zu Spottpreis an Siegermächte ausliefern wollten).
  - Hamsterfahrten aufs Land waren billiger, aber meist erfolglos.
  - Ab 1946 gab es in der amerikanischen Zone Care Pakete von christlichen Organisationen.
    => Katholischer Kardinal in Köln predigt, dass das 7. Gebot in solchen Zeiten nicht gelte.
- **(2) Wohnraum.**
  - 20-30% der Wohnungen waren zerstört, Köln zu 70% (Stadtteil Dören zu 99,2%).
  - Besatzungsmächte wollen Wohnraum organisieren und Wohnungsnot beseitigen, verschlechtert sich aber wegen vielen Vertriebenen immer mehr.
    → 1946 kamen auf eine Wohnung 5,4 Personen.
  - Wegen dichter Besiedlung breiteten sich Krankheiten auch schneller aus, Verzehnfachung der Thyphus-Kranken.
- **(3) Angehörige.**
  - 25% der Deutschen suchten ihre Angehörigen.
  - Beim Deutschen Roten Kreuz konnte man in den nächstgelegenen Städten Karteikarten verfassen und aushängen.
  - Die spannendsten Fälle wurden im Radio verlesen oder im Kino vor dem Film.
    => Durch die Karteikarten konnten sich über 7 Millionen Menschen wiederfinden.

- **(4) Ablenkung.**
  - Nach dem Schrecken des Krieges und dem Elend im Alltag sehnen sich die Menschen nach Ablenkung.
  - Kultur und Kunst gewollt, in neuen modernen Stilrichtungen.
  - Kultur wurde von den Besatzungszonen als Mittel der Umerziehung genutzt (Aufführung von Nathan der Weise in SBZ).
  - Alte deutsche Klassiker wurden wieder aufgegriffen und Elend der Zeit thematisiert.
  - Im Westen wurde ein öffentlich-rechtlicher Rundfunk geschaffen, SBZ steuert weiter zentral.
  - Zunächst geben die Zonen Militärzeitungen aus, ab 1946 werden deutsche Zeitungen lizenziert.
    - In der französischen Zone ließ man nur überparteiliche Zeitungen zu.
    - In der britischen Zone schuf man Pluralität durch viele Parteizeitungen.
    - In der SBZ wurden ebenfalls unabhängige Zeitungen lizenziert, aber lediglich die Militärzeitung / Zeitung der SED erhielten Papier zum Drucken.
  - Künstler aus den verschiedenen Zonen veranstalteten Kunstausstellungen.
  - Kino sehr beliebt, Musicals, Wochenschau wurde vor Filmen gezeigt.
    - → Versuch die Demokratie zu transportieren.

- **Demokratisierung (und Dezentralisierung).**
  - Kommunalverwaltungen wie die Handelskammer wurden eingerichtet.
  - Föderalistische Länderstruktur, Bundesländer wurden teils völlig neu gegründet (Baden-Württemberg, Rheinland-Pfalz).
  - Um die Länder zu stärken wurden 1946/47 Länderparlamente gewählt.
    - **SPD**: betonte freiheitliche Grundeinstellung und antifaschistische Tradition (Gegen Ermächtigungsgesetz); Trennung von Ost- und West-SPD.
    - **CDU/CSU**: wollten überkonfessionell sein und Zersplitterung der Weimarer Zeit vermeiden; erst in der britischen Zone, dann zonenübergreifend.
    - Viele liberale Parteien entstanden, 1948 Zusammenschluss zur **FDP** bzw. **LDP** in SBZ.
    - **KPD**: Machte für Sowjetunion Propaganda, konnte aber nicht richtig Fuß fassen, deshalb in SBZ zum Zusammenschluss mit SPD gezwungen zur SED (April 1946); wollten keine Demokratie, lediglich den Schein dazu erwecken.
    - => Im Westen gewinnen die SPD & CDU/CSU, im Osten die SED.
  - Wegen Länderparlamenten wird eine Verfassung notwendig.
  - Westdeutsche würden damit die Teilung zementieren, deshalb lediglich provisorisches Grundgesetz ausgearbeitet.
  - September 1947 tritt der parlamentarische Rat zusammen um über das Grundgesetz zu beraten.
  - Nachdem Westmächte den Entwurf überarbeitet haben, wird das Grundgesetz im Mai 1949 demokratisch gewählt (nur Bayern dagegen).
    - → In Kraft getreten am 24. Mai 1949.
  - Frage nach der Hymne, Hauptstadt und Fahne stellt sich.
  - Hauptstadt wurde Bonn, gegen den Willen der SPD, da Nähe zum Bundespräsidenten.
  - Fahne wurde die schwarz-rot-goldene, SPD hatte sich wenigstens hier durchgesetzt.

- **Der Kalte Krieg bestimmt die deutsche Geschichte maßgeblich.**
- **12. März 1947 Truman Doktrin.**
  - Sicherte allen kommunistisch bedrohten Ländern finanzielle Unterstützung und Hilfe zu.
    - → Zentrales Dokument der amerikanischen **Containment – Politik.**
- **5. Juni 1947 European Recovery Program (ERP, Marshallplan) verkündet.**
  - Gewährung von Zugeständnissen und Krediten, sowie Lieferungen von Rohstoffen und Fertigwaren an Europa sollten Weltwirtschaft aufschwingen lassen und Demokratisierung ermöglichen, denn im Gegenzug westliche Marktwirtschaft aufbauen und stabile Währung besitzen.

$\rightarrow$ Gesamte Leistungsfähigkeit amerikanischer Wirtschaft zum Kampf gegen Kommunismus eingesetzt.

- Insgesamt 20 Milliarden $ wurden investiert (3,5 an UK, 2.8 an FR, De Platz 4 mit 1.4Mrd).
  - Als einziger Staat musste Deutschland einen Teil der Gelder zurückzahlen.
  - Geld wurde in Deutschland für Lebensmittel, Maschinen und Wohnungsbau ausgegeben.
- **Amerikanische Interessen – Reale Machtpolitik.**
  - Absatzmärkte schaffen, Stabilisierung Europas gegen UdSSR, Aufbau einer Weltführungsrolle (sozial, politisch, militärisch, ökonomisch, kulturell).
- **20. Juni 1948 Währungsreform in Westzone.**
  - Jeder bekam 60 D - Mark für 60 Reichsmark, restliches Geld 1:10 eingetauscht.
  - Anlass für Berlin Blockade.
- **24. Juni 1948 – 12. Mai 1949 Berlin Blockade.**
  - Westsektoren hemmten sowjetischen Einfluss in Westdeutschland, Sowjetunion lässt alle Zugänge nach Berlin blockieren.
  - Berlin Blockade sollte offiziell Teilung Berlins durch Währungsreform verhindern.
    - Eigentliches Ziel war Ausbau der Macht in Westdeutschland.
  - UdSSR brüskiert Westmächte, da es Zufahrtswege nach Westberlin sperren lässt.
    $\rightarrow$ Erster Höhepunkt des **Kalter Krieges.**
  - Statt für militärischen Angriff, für Luftbrücke entschieden, welche Berliner Bevölkerung mit Lebensmitteln und Rohstoffen versorgt.
    - Luftbrücke zeigte, dass Westmächte keine territoriale Expansion billigen, aber militärische Mittel scheuen.
    => Berlin war das amerikanische Fort im Feindesland, man konnte es nicht aufgeben.
    => Berlin wurde von Berlinern am Leben erhalten, deshalb endete Blockade bald.
    $\rightarrow$ Nach Blockade war Leben der Berliner nicht länger von Zweitem Weltkrieg, sondern dem Kalten Krieg geprägt.

- **Aufbau der parlamentarischen Demokratie in der Bundesrepublik.**
- Sommer 1949: Wahlkampf für Bundestagswahlen.
  - Wegen Papiermängel wurden Plakate auf Fahrräder gesteckt und durch Herumfahren gezeigt.
  - Parteiprogramme der Parteien sind sehr differenziert.
    - **CDU**: Aachener Programm (christlicher Sozialismus).
    - Nach Juli 1949 Düsseldorfer Leitsätze etabliert sich soziale Marktwirtschaft nach Ludwig Erhard (parteilos, erst nach Wahlerfolg der CDU/CSU beigetreten).
    - **SPD**: Planwirtschaft.
    - Alte Traditionspartei, Schumacher von Briten unterstützt.
      $\rightarrow$ Beste Chancen und Prognosen.
- 14. August 1949: CDU/CSU gewinnen überraschend Bundestagswahl.
  - Große Koalition (mit SPD) für Adenauer undenkbar, deshalb mit FDP und Deutsche Partei.
  - 11 weitere kleine Parteien im Bundestag vertreten, da noch keine 5% Klausel.
- 7. September 1949: Erster deutscher Nachkriegs-Bundestag kommt zusammen.
- 12. September 1949: Bundespräsident Heuss wird gewählt.
- 15 September 1949: Bundeskanzler Adenauer (73 Jahre) wird ernannt.
- Viele Ministerien sind damals noch gar nicht vorhanden gewesen (Verteidigung, Außen), da sich Alliierte diese Rechte herausnahmen.
  $\rightarrow$ Deutsche Demokratie musste sich erst beweisen.

- **Wahlentwicklung in der BRD.**
- **1953** (53er Aufstand in der DDR niedergeschlagen worden).
  - CDU erreicht 14% Zuwachs, weil Adenauer sich für Westintegration ausspricht, Angst des Volkes vor Sowjetdiktatur gemildert und soziale Marktwirtschaft floriert.
  - Auch die SPD gewinnt an Stimmen.

- Wegen 5% - Klausel sind nun nur noch 9 Parteien im Bundestag vertreten.
- **1957** (Niederschlagung der Aufstände in Ungarn und Polen).
  - CDU erhält absolute Mehrheit, weil sich Adenauer Hilfe bei Wirtschaftsexperten gesucht hat, unter Slogan „Keine Experimente!" angetreten ist.
  - SPD erhält um die 30% auf Kosten der kleineren Parteien.
    => Höhepunkt der Macht Adenauers.
- 1961 (Mauerbau in Berlin).
  - Sachaussagen treten zurück, Personenkult entsteht, plakativer Wahlkampf.
  - CDU verliert absolute Mehrheit, weil Adenauer nicht in Berlin als Mauer gebaut wurde um Volk beizustehen.
  - SPD gewinnt weiterhin Stimmen, aber auch die FDP mit 12%.
    => Koalition CDU/CSU und FDP mit Bedingung, dass Adenauer nach 2 Jahren zurücktreten muss.

- **Zur Person des Adenauer.**
- Jurist, Anwalt.
- Antikommunist, für christlich-katholisch-humanistische Innenpolitik.
- Für die Westintegration, Außenpolitik an Westeuropa betrieben.
- Preußischer Politiker für das Zentrum, 1933 ins Exil verbannt worden.
- In amerikanischer Zone wurde Adenauer zum Oberbürgermeister, in britischer wieder entlassen.
- Hat dominant die Politik geprägt → Kanzlerdemokratie.
- War findig, hat viele Patente angemeldet.
- Misstraute der Presse, weshalb er mit jener eng zusammenarbeitete.
  => Pragmatiker der Macht.

- **Rücktritt Adenauers.**
- Aus diversen Gründen wurde Adenauer zum Rücktritt genötigt.
  - Abkommen mit der FDP im Koalitionsvertrag.
  - **1959 „Präsidentschaftskrise":** Adenauer wollte für Präsidentenamt kandidieren, zog Antrag aber ab, da Erhard als Nachfolger zu inkompetent sei.
  - **1961** Adenauer steht seinem Volk in Berlin nicht bei.
  - **1962 „Spiegel-Affäre":** Wegen kritischen Berichten der Zeitschrift „Spiegel" hat Verteidigungsminister Strauß (CSU) Redaktionsräume auf Verdacht des Landesverrates durchsuchen und Redakteure verhaften lassen; Minister belog Bundestag, musste zurücktreten.
    => Am 11. Oktober 1963 tritt Adenauer nach 14 Jahren Amtszeit zurück, sein Nachfolger wird Ludwig Erhardt.

- **SPD Kanzlerkandidaten, welche es nicht schafften Adenauer zu verdrängen.**
- **Schuhmacher**: charismatisch, sozialistisch, aber nicht kommunistisch, für die Wiedervereinigung.
- **Ollenhauer**: Biedermann, Patriot, unscheinbar, Bürokrat, treibende Kraft auf dem Godesberger Parteitag.
- **13. - 15. November 1959 Godesberger Parteitag der SPD.**
  - Auf neues Grundsatzprogramm geeinigt, welches an gesellschaftlichen Wandel der BRD anknüpft, Anerkennung der Westintegration, gegen den Klassenkampf und Verstaatlichung.
  - Trennung von marxistischer Lehre und Zuwendung zu Mittelschichten.
  - Sozialisierungsideen der Nachkriegszeit aufgegeben um privates Eigentum zu schützen.
  - SPD bekannte sich zur Westintegration und Wehrpflicht.
    => Wandel von Arbeiter- zur Volkspartei.

- **Weitere wichtige Organe der Bundesrepublik.**
- **Bundesrat** sorgt für Föderalismus, Frage was Ländersache und was Bundessache ist, Neugestaltung der Länder (1952 Baden-Württemberg) beschlossen.
- **Bundespräsident** (Heuss), Vater der Nation, Vertrauter des Volkes, Außenrepräsentation, Bundesverdienstkreuz eingeführt.
  - Heuss setzte die Nationalhymne ein: 1950 bei öffentlicher Veranstaltung sang er laut 3. Strophe des Deutschlandliedes und alle taten es ihm gleich (de jure erst in den 60ern beschlossen).
- **Bundesverfassungsgericht**: Richter wurden vom Bundestag und -rat gewählt um politische Hintergründe auszuschließen, trifft diverse Entscheidungen (1951: Länderneuordnung durch Volksentscheid möglich, 1956: KPD verboten).
  - Erste Frau in solch hoher Position war Erna Schäffler (direkt dabei), trieb die Gleichberechtigung voran: Artikel 3 Grundgesetz in „Männer und Frauen sind gleichgestellt" umformuliert, Artikel 170 auch auf BGB bezogen.
  - → Gleichberechtigung bestand zwar formal, musste sich im Laufe der Zeit aber erst noch entwickeln.

- **Die Westintegration Adenauers.**
- Inkrementelle Vorgehensweise.
- **21. September 1949**: Adenauer bekommt das **Besatzungsstatut** überreicht (= Zeit der Militärgouverneure ist zu Ende), aber wichtige Grundsätze verbleiben in den Händen der Gouverneure.
  - → Ausgangsdokument auf dem Weg zur deutschen Souveränität.
- **November 1949 Petersberger Abkommen.**
  - BRD darf konsularische Beziehungen zu anderen Staaten aufbauen und in internationalen Organisationen (Europarat) eintreten, muss dafür aber **Ruhrkontrolle** anerkennen.
    - Internationale Behörde verwaltet die deutschen Kohle- und Eisenerzvorkommen, lässt diese von deutschen Arbeitern abbauen, aber an Amerika, England, Frankreich und die Beneluxstaaten verschiffen.
    - => Heftige Kritik an Adenauer für die Unterzeichnung.
- **Mai 1950 Montanunion wird gegründet.**
  - Französischer Außenminister Schuhmann will die gemeinsame Verwaltung der europäischen Kohle und Eisenerzvorkommen zwischen Deutschland und Frankreich herbeiführen.
  - Angst davor, dass Amerika Ruhrkontrolle abschafft und Frankreich dann gar keine Kontrolle mehr auf deutsche Rohstoffe.
    - => Montanunion wird von Deutschland, Frankreich, Italien und den Beneluxstaaten gegründet.
- **27. Februar 1953 Londoner Schuldenabkommen.**
  - 30 Mrd. $ soll Deutschland zahlen, runtergehandelt auf 14 Mrd. DM.
    - Schulden vom Ersten Weltkrieg, Kosten der Care Pakete, Marshallplan Gelder.
  - Verpflichtungen während des Zweiten Weltkrieges wurden nicht geltend gemacht, weil DM nicht für displaced persons (Zwangsarbeiter aus Sowjetunion) an UdSSR abgegeben werden sollte.
    - → Geringere Strafe, da Siegermächte nicht gleiche Situation wie 1918 schaffen wollten.
  - Als 1988 alles abbezahlt wurde (außer Schulden der DDR), hatte Deutschland seine Kreditwürdigkeit international unter Beweis gestellt.
  - Lockerungen erhalten: Ministerien (Außen, Verteidigung) und Botschaften durften eingerichtet werden, nur in Siegermachtsländern lediglich Konsulate.

- **Frage nach der Wiederbewaffnung der BRD.**
- Frage rief nicht nur international heftige Debatten hervor.

- Anlass war Korea Krieg 1950 – 1953, Angst vor Stellvertreterkrieg auf europäischem Boden wuchs.
- Churchill setzt sich für eine Bundeswehr ein, Adenauer möchte nur gemeinsam mit Autonomie, französischer Ministerpräsident will europäischen Verteidigungsbund (EVB) errichten.
- 1952 werden EVB und Deutschland-Vertrag (völlige Souveränität) verhandelt, die Verträge sollen nur zusammen gelten dürfen.
  => 1954 scheitern die Verhandlungen, da französisches Volk dagegen.
- **5. Mai Pariser Verträge.**
  - BRD darf in die NATO eintreten und muss dafür eine Bundeswehr errichten, darf aber keine ABC Waffen besitzen und gewisse Waffen nicht herstellen (z.B. Hochseetaugliche U-Boote).
  - Das Besatzungsstatut entfällt, BRD ist verpflichtet alle seine Konflikte friedlich zu lösen.
  - Besatzungsmächte dürfen auf deutschem Grund jederzeit Manöver abhalten.
  - In ausländischen Kasernen gilt das deutsche Recht nicht mehr.
    => BRD erhält alle Rechte und Pflichten eines souveränen Staates, ist dies aber nicht, weil Fragen über DDR oder Gesamtdeutschland mit den Alliierten besprochen werden müssen.
- **1957 – 1958 Römische Verträge.**
  - Gründung der EWG, Zölle werden abgeschafft, Freizügigkeit der Arbeitsstätte und intranationale Unternehmensgründungen.
    → Grundstein für das heutige Europa wurde gelegt.
    → Deutschland in westliche Welt eingegliedert.
    => Frage nach der deutschen Wiedervereinigung wird immer unbedeutender.

- **Die Ostintegration der DDR.**
- **Dezember 1947** Einberufung des **ersten deutschen Volkskongresses** in sowjetischer Besatzungszone.
  - Keine Wahl, da SED Teilnehmer bestimmte.
- DDR schließt ohne Legitimation oder Zustimmung der BRD Verträge mit Polen über dessen rechtmäßige Ostgrenze.
- März 1952 Stalin Note.
  - Stalin macht Vorschlag für gesamtdeutschen Staat, Adenauer lehnt allerdings ab wegen Westintegration und Furcht, dass Gesamtdeutschland dann unter sowjetischer Herrschaft stehen wird.
    → Niederschlagung des Volksaufstandes 1953 zeigt, dass die UdSSR die DDR nicht aufgeben möchte und Angebot nur Machtpolitik war.
    => Adenauer wurde heftig kritisiert wegen Ablehnung dieser einmaligen Chance.
- **1956** Nach erfolgreicher Westintegration und Tod Stalins wollte Adenauer eine Wiedervereinigung anstreben.
  - Chruschtschow bietet Freilassung deutscher Gefangener an, wenn diplomatische Kontakte aufgenommen werden.
- **Bis Ende der 1960er** verfolgte BRD „**Hallstein Doktrin**".
  - Um DDR bloßzustellen und Alleinvertretungsanspruch zur Geltung zu bringen.
  - Anerkennung der Souveränität der DDR führte zum Abbruch sämtlicher diplomatischer Kontakte.

- **Politische Entwicklung der SBZ / DDR.**
- SED unter Ulbricht ergreift die Macht, es gibt keine freien Wahlen.
- **Oktober 1949** Vom dritten Volkskongress bestimmter **Volksrat erklärt sich zur** provisorischen **Regierung** in der sowjetischen Besatzungszone.
- **7. Oktober 1949 Gründung der DDR.**
  => Geburt des zweiten Staates auf deutschem Boden.
- Wichtiger Verfassungsartikel 6: Hetze gegen Demokratie ist strafbar.
  - Eingesetzt um sich politischer Gegner zu entledigen (78.000 Angeklagte).

- Erst am 15. Oktober 1950 Wahlen der Volkskammer, Länder- und Gemeindeparlamente.
  → Davor war jeder Schritt von UdSSR vorgegeben worden.
- **Wahlsystem in der DDR.**
  - Keine Parteien zu wählen, sondern ein Gemeinschaftsbündnis → Einheitsliste.
  - Wenn nicht zustimmen gewollt, mussten alle Namen durchgestrichen werden, nicht einfach
    nur „Nein" angekreuzt werden.
  - Sitzverteilung im Parlament war bereits vorherbestimmt.
- **Massenorganisationen in der DDR.**
  - Durch komplexes Vergünstigungs- und Sanktionssystem treten viele Mitglieder bei und
    werden in SED integriert.
  - **FDGB** (*freier deutsche Gewerkschaftsbund*) vertritt nicht Interessen gegenüber Arbeitgeber
    (Staat) sondern kümmert sich um „*Zusammenarbeit und Kameradschaft der Arbeiter*".
    - Gesellschaftliche und soziale Belange der Industriearbeiter behandelt (Ferienanlagen).
  - **FDJ** (*freie deutsche Jugend*) für Erziehung und Mobilisierung der Jugendlichen bis 25 Jahren
    verantwortlich.
    - Mitgliedschaft in „Jungpionieren" (6-9 Jahre), „Thälmann – Pioniere" (10-13 Jahre) und FDJ
      (14-25 Jahre) freiwillig, aber für Studium/Karriere vorausgesetzt.
  - **Demokratischer Frauenbund** als Zeichen der gelungenen Emanzipation gegründet.
  - **Deutsch-sowjetische Gesellschaft** um Beziehungen zwischen DDR und UdSSR zu pflegen.
- **SED war kein Bund aus KPD und SPD mehr.**
  - Auf Parteitag 1950 wurden unliebsame Mitglieder der ehemaligen SPD aussortiert.
  - Durch Massenorganisationen genoss SED Mehrheit im Parlament.
  - Vorgehen gegen die (katholische) Kirche, da sich diese gegen SED auflehnte und in Predigten
    Missstände ansprach.
    - Konfirmation kann nur gemeinsam mit der „Jugendweihe" gemacht werden.
    - Predigten am Sonntag wurden durch FDJ gestört, Aufbausonntag nicht mehr lukrativ oder
      wegen den Ehrentagen besonderer Berufsgruppen uninteressanter.
    - Tag des Hochseefischens u.a. lagen immer auf Sonntagen.
  - Prediger wurden verhaftet und die Berufsausübung erschwert.

- **Institutionelle Etablierung der Planwirtschaft.**
  - **Ausgangssituation**: keine Rohstoff- oder Energiequellen in der SBZ, zerstörte Infrastruktur,
    viele Produktionsmaschinen, zu viele Frauen, kaum Männer.
  - **September 1945 Bodenreform.**
    - Zwei Millionen Hektar Ackerfläche werden neu umverteilt (Adel und Großgrundbesitzer
      enteignet, jeder erhielt seine Parzelle Land).
      - Akzeptanz des neuen Regimes fördern.
      - „Neu-Bauern" (ohne Berufserfahrung) müssen sich mit Landwirtschaft erst noch vertraut
        machen → Lebensmittelversorgung sinkt.
      - Zusammenschluss in landwirtschaftlichen Produktionsgenossenschaften (LPGs).
  - **Oktober 1945 Industriereform.**
    - Entmachtung der Unternehmer, welche den Krieg mitverursacht haben sollen.
    - Verstaatlichung der Industrie in volkseigenen Betrieben (VEB).
    - Gründung von SAG (sozialistischen Aktiengesellschaften), welche Produktion der besessenen
      Unternehmen direkt an UdSSR weiterschicken.
  - **Wirtschaftspläne.**
    - **1949 – 1951 Zwei Jahres-Plan.**
      - Wenn Pläne erfüllt, dann Bonusse, aber auch Messlatte nach oben gerückt.
      - Hoffnung auf bessere Zeiten trieb viele Menschen zur Arbeit.
    - **1951 – 1956 Fünf-Jahres-Plan.**
      - Landwirtschaft soll um 25% ansteigen, Industrieproduktion verdoppeln, Einkommen um
        60% steigern.

- Ziel sollte mit (deutlich) mehr VEBs erreicht werden.
  - Schwerpunkt auf Schwerindustrie, Vernachlässigung der Konsumgüterindustrie.
    → Lebensmittelengpässe, Lebensmittelmarken bis 1985 vorhanden gewesen.
  - **Handelsorganisation** (HO): Legaler Schwarzmarkt auf welchem man ohne Lebensmittelmarken Waren einkaufen konnte, aber extrem teuer.
  - Stahlindustrie wurde als greenfield approach aus dem Nichts aufgebaut.
- **9 – 12. Juli 1952 2. Parteikonferenz der SED.**
  - „Aufbau des Sozialismus" beschlossen.
  - Verschärfung der Kollektivierung und Intensivierung der Verstaatlichung.
  - Normen für Produktion werden stetig erhöht.

- **Volksaufstand von 1953.**
  - **Ursachen.**
    - Zunehmende Abschottung gegenüber dem Westen.
    - Aufrüstung in der DDR (kasernierte Volkspolizei).
    - Kollektivierung wird immer mehr verschärft.
    - Unterdrückung der Kirchen.
    - Tod Stalins führt weiter zu Steigerung der Arbeitsnormen.
    - Moskau fordert SED zur Zurückhaltung auf, SED entschuldigt sich, senkt Normen aber nicht.
      → Als Zeichen der Schwäche angesehen.
  - **Ablauf.**
    - Streiks in der ganzen DDR, nicht nur in den Städten, sondern auch auf dem Land.
    - Gerüchte verbreiten sich, dass SED-Regime zerbricht.
      => Als demokratische Forderungen lauter wurden, sah sich UdSSR bedroht und zerschlug Aufstand mit Panzern.
    - Ulbricht geht gestärkt aus dieser Situation hervor (gilt nun als Hardliner, genießt sowjetische Unterstützung).
  - **Folgen.**
    - Abbau der Stasi und Abtretung der SAGs an SED-Regierung, Preise in den HOs sinken, Konsumgüterindustrie wird angetrieben.

- **Fluchtbewegung aus dem Osten.**
  - Facharbeiter, Jugendliche, Wissenschaftler etc. fliehen scharenweise in den Westen.
    - Mängel in Arbeitsbetrieben waren zu gravierend.
    - Wirtschaftsschwächen schienen unüberwindbar.
    - Wohnraummangel.
    - Reiseverkehr-Beschränkungen.
    - Unmenschlich hohe Normen.

- **Die soziale Marktwirtschaft in der Bundesrepublik.**
  - **Ausgangssituation**: Rohstoffindustrie, aber kaputte Infrastruktur.
  - Hohes Industriepotential (Industrielles Anlagevermögen 1945 wurde in Westzonen nur zu 3-5% abgebaut und was deshalb immer noch 20% höher war als 1939).
    → Nach dem Zweiten Weltkrieg hatte Deutschland mehr Anlagevermögen als davor.
  - Obwohl Verstaatlichung oft sehr lukrativ, hat man auf neue Marktordnung vertraut; deshalb viel Werbung für soziale Marktwirtschaft gemacht worden.
  - **Kern der sozialen Marktwirtschaft.**
    - Dritter Weg zwischen Sozialismus und Kapitalismus.
    - Staat soll Rahmenbedingungen für funktionierende Marktwirtschaft schaffen.
    - Durch stabile Währung und kleinere Eingriffe die Funktionsfähigkeit dauerhaft erhalten.
    - Sozialpolitik: hohe Beschäftigungsquote und breite Vermögensverteilung, keine Umverteilung.

- **Vier Prinzipien** der sozialen Marktwirtschaft.
  - 1. <u>Wettbewerbsprinzip</u>: Freier Wettbewerb soll für bedarfsgerechte und sozial ausgewogene Produktion sorgen.
  - Entspricht Grundbedürfnis nach individueller Freiheit, ermöglicht Entfaltung individueller Leistung und Initiative.
  - 2. <u>Sozialprinzip</u>: Freie Marktwirtschaft sei sozial, da Produktion am Verbrauch orientiert.
  - Staat soll aber z.B. Monopole verhindern, vollständiges System der sozialen Sicherung einrichten, progressiver Einkommenssteuersatz soll Einkommensunterschiede angleichen.
  - 3. <u>Konjunkturpolitisches Prinzip</u>: Konjunkturschwankungen durch staatliche Konjunkturpolitik dämpfen um Inflation und Arbeitslosigkeit zu verhindern.
  - 4. <u>Prinzip der Marktkonformität</u>: Sozialprinzip und konjunkturpolitisches Prinzip sollen Funktionsfähigkeit des Marktes nicht einschränken (z.B. durch staatliche Preise).
    => Gefiel den Amerikanern.
- **Währungsreform** als erster Schritt die neue Marktwirtschaft zu implementieren.
  - **20. Juni 1948 Währungsreform in Westzone.**
    - Jeder bekam 60 D - Mark für 60 Reichsmark, restliches Geld 1:10 eingetauscht.
      → Stabile Währung geschaffen, sowie Grundlage für wirtschaftlichen Aufschwung.
    - 94% des alten Geldes wurde vom Markt genommen, erste Geldscheine wurden in Amerika gedruckt, sahen aus wie Dollarscheine, nur dass „Deutsche Mark" darauf stand.
  - Erhard hebt noch die Preisbindung von Waren auf ohne Rücksprache mit den Westmächten.
    - Schaufenster wurden gefüllt, Deutsche fassen Mut, weil Erhard mutig war.
      => Marshallplan gibt dem Wirtschaftsboom einen Schub, Kreditausfallquote bei Marshallgeldern sehr gering.
- **Stützen des Aufschwungs.**
  - Wohnungsbau: von 1950 bis 1956 jedes Jahr ½ Millionen neue Wohnungen gebaut.
  - Exportindustrie: 1952 übersteigen Exporte wieder die Importe, 1954 Bilanzüberschuss von 2 Mrd. DM erreicht.
  - Sinkende Arbeitslosigkeit: 1950 – 1961 Zahl der Beschäftigten steigt von 20 auf 26 Millionen, Arbeitslosenquote fällt von 11% auf 0%.
  - Konsumwellen treten auf: Fresswelle → Bekleidungswelle → Hausratswelle → Verkehrswelle → Reisewelle (Ostsee und Mittelmeer).

- **Sozialgesetzgebung.**
- Zeit des Wirtschaftsbooms war zugleich eine der streikreichsten Phasen in Deutschland.
- 1954 streikten 100.000 bayrische Metallarbeiter für 5-Tage-Woche und Gleichberechtigung.
- 1950 **Versorgungsgesetz** für Heimatvertriebene und Flüchtlinge wegen derer materiellen Not.
- 10. Juli 1952 **Lastenausgleichsgesetz**: Materielle Entschädigung für die Verluste, welche Heimatvertriebene zu verzeichnen hatten.
- Mutterschutz eingeführt.
- 1957 Kindergeld und die Rentenreform umgesetzt.

- **Wirtschaftssystem Frankreichs.**
- Litt schwer unter den Kriegsfolgen, war deshalb eher reformträge.
- Modernisierungsproblem, da vor dem Krieg Schwerpunkt auf Landwirtschaft.
- Direkte Eingriffe in die Wirtschaft.
  - Geld in Schlüsselindustrien investiert (Elektrizität, Kohle, Stahl).
  - Verstaatlichung ganzer Branchen (Banken, Versicherungen).
  - Marshallplangelder eher in Kolonialkriege investiert.
    => Aufschwung der französischen Wirtschaft hält sich vorerst noch in Grenzen.

- **Wirtschaftssystem Großbritanniens.**
- Einzige Weltmacht, welche nach zwei gewonnenen Weltkriegen schlechter dar steht als davor.
- Kolonialgebiete waren sehr teuer und verlustreich, bedurften hoher Aufmerksamkeit.
- Keynesianismus umgesetzt → Wohlfahrtsstaat.
  - Staat betreibt aktive Konjunkturpolitik.
  - Staatliche Eingriffe durch Verstaatlichung (Eisenbahn, Stahl, Gas, Flugzeuge).
    => Mischwirtschaft aus privaten und staatlichen Unternehmen entstand.
- Einfluss der Gewerkschaften sehr hoch bis Thatcher an die Macht kam.

- **Kurze Wiederholung.**
- Anti-Hitler-Koalition zerbrach nach Ende des Zweiten Weltkrieges recht schnell, da ideologische Unterschiede zum Kalten Krieg führten.
- Eigenständige deutsche Staaten wurden errichtet.
  - **BRD als parlamentarische Demokratie.**
    - Erfolg der sozialen Marktwirtschaft hat erheblich für Stabilität gesorgt.
    - Adenauers Westintegration stellt die deutsche Frage in den Hintergrund.
    - Containment-Politik und Marshallplan sollen in Europa Bollwerke gegen den Kommunismus schaffen.
  - **DDR als kommunistischer Zwangsstaat.**
    - In Moskau ausgebildeter Ulbricht versucht SED Regime aufzubauen.
    - (Starke) Eingriffe in die Bürgerrechte (Ministerium für Staatssicherheit).
    - Volkskammer hat jede Entscheidung einstimmig entschieden außer der Frage nach Abtreibungen.
    - DDR nach dem Vorbild des Stalinismus, SED hat das alltägliche Leben im Griff.
    - Hohe Fluchtzahlen aus DDR, „Wo gehobelt wird, fallen auch Späne", Verfolgung politischer Gegner.
    - Ideologische Bereitschaft einiger Deutscher mit Kommunismus zusammen zu arbeiten wegen Sehnsucht nach Frieden und Ordnung.

- **1960er Wandel im politischen und gesellschaftlichen Bereich (auch in DDR) durch technologische Veränderungen.**
- **Medizin**: 1967 erste erfolgreiche Herztransplantation in Südafrika geglückt.
- **Mikroökonomik**: CPUs werden immer kleiner, Computer schrumpfen von Raum- auf Schrankgröße → Computer werden immer weiter verbreitet.
- **Kernkraft**: Alle Energieprobleme schienen gelöst zu sein, Atomkraft schien sauber zu sein.
- **Pharmazie**: Familienentwicklung wird aktiv und nachhaltig durch Verhütungsmittel (Pille) beeinflusst.
  - Contergan als Beruhigungsmittel wird eingeführt, kaum Nebenwirkungen, verursacht aber Fehlbildungen bei Embryos. Heutzutage als Lepra-Medikament in 3.Welt-Ländern eingesetzt, dennoch viele Fehlgeburten.
    => Erster deutscher Prozess über Verantwortlichkeit von Fehlgeburten und Behinderungen.
- **Technik**: Weltallforschung.
  - Oktober 1957 Sowjets senden Sputnik-Satelliten ins All, Schock für westliche Welt.
  - 1961 Juri Gagarin (Sowjetunion) als erste Mann im Weltall.
  - 1966 Mondlandung (UdSSR: Luna IX auf den Mond gelandet).
  - 1969 Apollo 11 Mission, Neil Armstrong als erster Mann auf dem Mond.
- **Technik**: Nützliche Abfallprodukte der Raumfahrt.
  - Augeninnendurck-Messgerät.
  - Ceranfeld.
  - Teflon nicht, da Abfallprodukt der Atombombe.
- **Technik**: Fernseher.

- Hausratswelle 1959/60 – 1961/62: Enormer Anstieg von Fernsehgeräten in privaten Haushalten (ab 1967 in Farbe).
- 1962 wurde Krimi im TV ausgestrahlt und 98% der TV-Besitzer haben diese Serie geschaut.
  → Fernseher verändert alltägliches Leben, Bundestag bricht Debatten ab, Unternehmen reduzieren Nachtschichten.
- Große Welt wurde in die kleinen Haushalte gebracht, Elend der Welt (Hunger in Afrika, Leid des Vietnam-Krieges.
  - Viet Kong wollte Sympathie im amerikanischem Volk wecken, deshalb ausländische Reporter eingeladen und Schrecken des Kriegen von Seiten der Amerikaner gezeigt.
    => Vietnam Krieg nicht nur militärisch, sondern auch gesellschaftlich verloren.
- **Aufbau:** Veränderung des Städtebaus.
- Innenstadt als Arbeitsort und Ort der Shopping Malls.
- Leben am Rand der Stadt, Betonwüste, Städteplanung wurde umgedacht.
- **Kunst:** „Opas Kino ist tot".
- Neues deutsches Kino entsteht.
- Documenta (neue Kunstformen präsentieren sich).
- Joseph Beuys erweitert den Kunstbegriff, jeder Mensch ist ein Künstler, nur nicht jeder nimmt sich als solcher wahr.
- **Bildung:** Deutsche Bildungskatastrophe.
- Begabungspotential der Schüler / Studenten nicht vollständig ausgeschöpft.
- Fehlende Chancengleichheit.
- Neues Schulsystem: Gesamtschule wurde eingeführt.
- Neue Lerninhalte eingefügt: Mengenlehre, Sexualkunde, Fremdsprachen.
- Neue Universitäten gegründet worden (1964 5 neue Unis in Deutschland).
  → Bundesverfassungsgericht verpflichtet die Länder zu mehr Universitätsplätzen.
  - 1972 „Zentralstelle für Vergabe von Universitätsplätzen" von den Ländern gegründet worden.
  - Konflikt um allgemeine, politische Ziele.
  - Demokratisierung und politisches Mitspracherecht gefordert.
  - Ursprung der Bewegung in Berlin, gegen Autorität.
    → Gründung der APO.
  - Ho Chi Minh und Cheguevara als Idole der Freiheit.

- **1968er Bewegung.**
- Auflehnung gegen NS-Vergangenheit der Elterngeneration, Notstandsgesetze und Vietnam-Krieg.
- Bundespräsident Kiesinger wurde wegen seiner Vergangenheit öffentlich stark kritisiert und sogar geohrfeigt.
- Proteste in Berlin gegen Vietnam-Krieg waren begleitet von Gegenprotesten der Berliner.
- 2. Juni 1967 Polizist erschießt Benno Ohnesorg (Student in der APO).
- Notwehr des Polizisten anerkannt, 2010 erfahren, dass er Stasi Mitglied war und gemordet hat.
- 1968 Anti-Schah Demo in Berlin: Rudi Dutschke wird angeschossen.
- Eskalation der Studentenbewegung.
  - Dutschke rät seinen Freunden zurück in die Hörsäle zu gehen und das System zu unterwandern → Marsch durch die Institutionen wagen → APO löst sich auf.
  - Kleine Gruppe der APO radikalisiert sich, verübt Brandanschläge auf Springer Verlag und gründet später die RAF.
  => Trotz geringer Beliebtheit ist Einfluss der APO nicht zu unterschätzen.

- **Bedeutende Veränderungen in der Politik.**
- 1963 tritt Konrad Adenauer zurück, Nachfolger wird Erhardt.
- Galt als Wahlkampflokomotive der CDU, sollte Adenauers Kontinuität fortsetzen.
  - Abwendung von Frankreich, Zuwendung zur USA.
  - Streit mit Intellektuellen.
  - Starfighter der Bundeswehr stürzten massenhaft ab, Erhardt dafür verantwortlich gemacht.
  - 1966/67 erste Nachkriegs-Rezession.
    - Erhardt will die Wirtschaft sich selbst regulieren lassen → Massive Wählerverluste.
      => SPD 1966 erstmals stärker als die CDU; Erhardt verliert Rückhalt im Bundestag und der CDU.
- November 1966 Erhardt tritt zurück, hat Adenauers Kontinuität nicht umgesetzt.
- 1966 Kiesinger (CDU) wird Nachfolger, große Koalition regiert an Spitze.
  - Erstmals SPD-Politiker im Bundeskabinett → Neubeginn für die SPD.
    => Gemeinsam wurde die Wirtschaftskrise überwunden.
- Bundestagswahl im September 1969 Große Koalition bricht zusammen.
  - Bundespräsident Heinemann (SPD) wird gewählt.
  - FDP wandelt sich, erhöht Volksnähe und somit Popularität.
  - Wahlausgang spektakulär: SPD und FDP haben zusammen 14 Stimmen mehr als die CDU/CSU.
    => Ende von 20 Jahren CDU Dominanz.

- **Reformen unter der sozial-liberalen Koalition.**
  - Erstes Umweltprogramm Deutschlands aufgesetzt worden.
  - Gesetz zur Volksaktie erlassen, damit Arbeiter ihr Einkommen aufbessern können.
  - 1975 Volljährigkeit auf 18 herabgesetzt, weil Jugend wählen wollte.
  - Modernisierung des Strafrechts (von Schuld und Sühne zu Resozialisierung).
  - 1971 BaföG erlassen, 1972 Rentensystem reformiert.
- Sozialausgaben steigen immer mehr → Loch in der Rentenkasse wurde angegangen.
- Anfang der 1970er Rücktritt des Finanzministers, da SPD zu viele Schulden macht.
  => Innenpolitik wird gereizter, SPD verliert Rückhalt.
- Aufbruchsstimmung flacht 1973/74 deutlich ab (Streiks der Fluglotsen, öffentlicher Dienst).
- 1972 Brandt nur wiedergewählt wegen Popularität der Ostpolitik.
  => Trotzdem bleibt das Volk mit Brandts Politik sehr unzufrieden.
  → Helmut Schmidt gewinnt an Popularität.

- **Rücktritt Brandts.**
- Guillaume, Assistent und enger Vertrauter von Brandt, wird festgenommen, da Stasi Agent.
- Brandt erklärt, dass er fahrlässig gehandelt habe und tritt zurück.
- 1974 Nachfolger wird Helmut Schmidt.
  - Schränkt Reformfreudigkeit ein, will zuerst auf Machbarkeit prüfen.

- **Wirtschaftlicher Wandel unter der sozial-liberalen Koalition.**
- 1950er BIP steigt um 7 bis 9% jährlich.
- 1966/67 kleine Rezession (als bedrohlich überspitzt dargestellt worden) lässt Arbeitslosigkeit etwas steigen und BIP schrumpfen.
- Öl wird eine Bedrohung des Bergbaus, Ruhrgebiet muss Arbeiter entlassen (finden aber Arbeitsplätze in der Automobilbranche), Kohle lässt sich nicht länger absetzen.
- **14. Juni 1967 „Gesetz zur Förderung von Stabilität und Wachstum" (Stabilitätsgesetz).**
  - „Magisches Viereck" angestrebt (Preisstabilität, angemessenes und steigendes Wirtschaftswachstum, Vollbeschäftigung, außenwirtschaftliches Gleichgewicht).

- Reaktion auf Energiedebatte im Bundestag; Ruhrkohle AG als Zusammenschluss der meisten Zechen gegründet, soll Arbeiter „sozialverträglich abbauen".
- Abkehr von Wirtschaftspolitik Erhardts und Zuwendung an Keynes.
- Bereits in England mit mehr oder minder großem Erfolg verfolgt worden.
- Staat soll Nachfrage schaffen (Investitionen in Konjunktur), Inflation akzeptieren und Wechselkurs zugunsten von Exporten beeinflussen.
- Dafür aber in Zeiten des Aufschwungs mehr Geld einnehmen um in nächsten Rezessionen wieder Geld für Investitionen zu haben.
  => Somit wurde 1966/67 Rezession schnell beendet.
- Willy Brandt glaubt so fest an Erfolg der neuen Wirtschaftspolitik, dass er Vollbeschäftigung garantiert.
- Probleme bei der Umsetzung von Keynes, da im Aufschwung nicht so viel Geld hereingeholt hat wie eigentlich benötigt war; Angst den Aufschwung abzubremsen.
  => Staat gibt viel zu viel Geld aus.
- Deutsche Wirtschaft wächst auf Pump, Kaufkrafttheorie des Lohns.
  - Trend färbt auch auf deutsche Bürger ab.
  - 1950er noch kaum Ratenkredite aufgenommen, 1970er kaufen Konsumenten massenhaft auf Kredit.

- **Mitte der 1970er wandeln sich viele Wirtschaftspolitiken.**
- 1944 Bretton Woods Konferenz: Dollar wird zur internationalen Leitwährung, garantierter Umtausch von Dollar in Gold und umgekehrt um Weltwirtschaft zu fördern.
- Anfang der 1970er Abkehr von diesem Versprechen.
- Amerika führt Sozialversicherung ein und benötigt enorme Geldsummen.
- Flexibilität des Wechselkurses wurde notwendig um Exporte zu steuern.

- **Stabilität der Wirtschaft – Arbeitslosenzahlen in Westdeutschland.**
- Nach der Währungsreform 1948 wurden die Arbeitskräfte zu teuer und entlassen.
- In den 1950ern Wirtschaftsboom: Zu wenig Arbeitskräfte trotz DDR-Flüchtlingen und Vertriebenen → Vollbeschäftigung.
- Arbeitskräftemangel verstärkt durch Wehrpflicht der Bundeswehr, flexible Rente und Wunsch nach geringeren Arbeitszeiten.
- **Arbeitskräftepakt** mit Italien geschlossen weniger wegen Bedarf, eher aus politischer Symbolik der Zusammenarbeit innerhalb der EWG.
  => Win/Win Situation: Deutschland bekommt mehr Arbeitskräfte, kann Export weiter ankurbeln, Italien muss sich nicht um Arbeitslose kümmern, bringen Geld ins Land, weil ihre Familien unterstützt, Italiener werden ausgebildet zurückkehren.
- Deutsches Arbeitsamt eröffnet Büros im Ausland um gezielt Arbeitskräfte anzuwerben.
- Gastarbeiter mussten gleichen Lohn erhalten (Forderung der Gewerkschaften, sonst Lohndumping) und von Unternehmern Hin- und Rückreise sowie Unterkunft erhalten.
- Arbeiter Ghettos entstanden nur durch Immigranten, nicht durch Gastarbeiter, welche durch das Arbeitsamt vermittelt wurden, da bei solchen genaue Prüfung der Pflichten der Unternehmer vorgenommen wurden.
- Zahl der Beschäftigten bleibt in den 1960ern / 70ern etwa gleich, obwohl immer mehr Gastarbeiter ins Land geholt werden.
- Deutsche gehen freiwillig aus dem Berufsleben (Frührentner, Hausmann/-frau).
- **Veränderung der beruflichen Stellung.**
- 1973 2,6 Millionen Gastarbeiter in Deutschland, 12% der Beschäftigten.
- 2,3 Millionen Deutsche steigen von unterbezahlten Arbeitern zu Angestellten auf, da Gastarbeiter diese Aufgaben mit Freude und Eifer übernahmen.
- Gastarbeiter erbrachten hohe Akkordnormen und machten viele Überstunden, da schnell viel Geld verdienen gewollt und dann zurück in Heimat.

- 20-25% der Gastarbeiter waren Frauen, vor allem Türkinnen, welche sich von Knechtschaft der Männer befreien wollten, aber Heimweh wegen Kindern bekamen.
- **1973 Erste Ölkrise – Erste Weltwirtschaftskrise der Nachkriegszeit.**
- Anwerbestopp, keine neuen Gastarbeiter werden mehr aufgenommen.
- 1987 nur noch 1.6 Millionen Gastarbeiter in Deutschland, Ausländerzahl sank aber nicht.
  - Vor allem Türken haben sich an deutsches Leben gewöhnt und ihre Familien hergebracht.
  - Wegen deutscher Vergangenheit sehr großzügiges Einreisegesetz, sodass Ausländer leicht nach Deutschland immigrieren konnten.
  - Keine Integrationspläne gemacht, da Erwartung, dass Gastarbeiter Deutschland nach Erfüllung der Arbeit wieder verlassen werden.
  - → Aufstieg der Rechten wegen zunehmender Ausländerzahl und Rezession.

- **1961 Mauerbau in der DDR.**
- Ursache liegt im **5. Parteitag der SED 1958.**
- DDR will BRD im pro-Kopf-Verbrauch an Konsumgütern übersteigen.
  - Zweiter 5-Jahresplan war angelaufen, Fokus auf Chemie- und Konsumgüter gelegt.
  - Wird abrupt beendet und durch 7-Jahresplan ersetzt um sich an sowjetischen Zyklus anzupassen.
- Wohlstandsniveau des Westens soll übertroffen werden.
- Lebenssituation des Volkes soll verbessert werden um Stabilität und Anerkennung der Regierung zu fördern.
- Werbefernsehen wird geschaltet, obwohl in Planwirtschaft theoretisch kein Bedarf dafür (sollte Nachfrage lenken und von Westfernsehn gucken ablenken).
- Ziele wurden nicht erreicht, später gerechtfertigt, dass Prognosen auf Rezession in der BRD aufbauten und erneuter Aufschwung nicht miteinkalkuliert worden ist.
- Produktion von Autos, Kühlschränken etc. war nicht genug, obwohl die DDR das produktivste Land im Ostblock war.
  => 1961 Plan wird nicht erfüllt, niemand glaubt mehr an öffentliche Statistiken, welche Wirtschaftswachstum belegen sollen.
  → Konsumgüterversorgung schlechter geworden als 1961 → Fluchtbewegung.
- Grenzanlagen mit Selbstschussanlagen, Wachtürmen und Hundelaufanlagen wurden bereits vor 1961 gebaut, allerdings nicht in Berlin.
- In West-Berlin gab es großes Auffanglager für DDR-Flüchtlinge, weil Züge einfach von Ost-Berlin nach West-Berlin fuhren.
- Klausel im Warschauer Pakt: Jeder Mitgliedsstaat ist verpflichtet Flüchtlinge aus anderen Ostblockstaaten bei Fluchtversuch gefangenzunehmen und auszuliefern.
- Flüchtlingsstrom aus der DDR wurde immer schlimmer, sodass SED mit Abstimmung der UdSSR den **Mauerbau** umsetzte.
  - Häuser wurden zugemauert, Grenzen zugepflastert, Mauer ist unüberwindbar, 136 Tote bei Versuch der Überquerung.
    → Deutsche Teilung wurde endgültig zementiert.
  - Bei Berlin Krise war Brandt vor Ort, Kennedy irritiert ob 3. Weltkrieg vor der Tür steht.
  - Ein Jahr später begann die Kuba Krise.
  - Deutsche fürchteten sich, dass Einigung um Kuba zulasten Westberlins fallen würde.
    => Amerikaner wollen ihr „Fort im Indianerland" aber nicht aufgeben.

- **Politische Lockerungen nach dem Mauerbau.**
- Mauer ist quasi der Deckel auf dem kochenden Topf, deshalb musste das Volk beruhigt werden um die Stabilität der DDR zu gewährleisten.
- **„Wirtschaftlich-technische Revolution"** soll DDR modernisieren.
  - (1) Umstrukturierung der Planwirtschaft.
  - 1961 7-Jahresplan abgebrochen, neue Maßnahmen aber erst Ende 1963 umgesetzt.

- **15. Juli 1963 „Neues Ökonomisches System der Planung und Leitung" (NÖSPL).**
- Dezentralisierung der Leitungs- und Planungsvorgänge, Einbindung jüngerer Fachleute und leistungsbezogene Elemente in der Entlohnung.
  => Fast ein bisschen Marktwirtschaft in der DDR.
  => Versorgung der Bevölkerung mit Konsumgütern wird immer besser.
  - (2) Ausbau des Bildungssystems.
  - (3) Mobilisierung von Arbeitskräften.
  - (4) Kulturpolitik verändert sich (Jeans importiert, Westmusik erlaubt, kritische Kunst und Vorlesungen zugelassen).

- **Politischer Wechsel in der DDR.**
- Ulbricht begeht zwei große Fehler.
  - 1967 7. Parteitag der SED: Ulbricht sieht zunehmende Autonomie der Unternehmer als Bedrohung an, setzt wieder mehr Zentralismus um.
  - 1968 Ulbricht behauptet, dass DDR sozialistischer als UdSSR sei und stellt somit Vorherrschaftsanspruch der Sowjetunion in Frage.
  => Honecker nutzt diese Situation in einem „quasi Staatsstreich" aus, bringt 13 von 20 Mitglieder des ZK hinter sich und verfassen gemeinsam einen Brief an Breschnew in welchem sie „Absetzung" (= Rücktritt) Ulbrichts erbitten (= fordern).
- 1971 Honecker wird neues Staatsoberhaupt der DDR.
- 1971 8. Parteitag der SED.
  - Konsumsozialismus eingeführt, Zufriedenheit der Menschen an erster Stelle gesetzt.
    → Stabile Machtposition von Honecker erreicht.
    => Konsumsozialismus als Grundstein des Untergangs der DDR.

- **Wandel in der Deutschlandpolitik beider deutschen Staaten.**
- Mauerbau trennt viele deutsche Familien.
- 1963 Lockerung erreicht, humanitäre Erleichterung, Passierscheinabkommen ausgehandelt.
- Westdeutsche dürften an Weihnachten oder Silvester ihre Angehörigen im Osten besuchen.
- Brandts „Neue Ostpolitik" verbessert Verhältnis zwischen BRD und DDR.
  - Gespräche mit UdSSR geführt: Verzicht auf Gewalt bei Streitfragen, Grenzen Europas sind unverletzlich (≠ unveränderlich, bedeutet lediglich keine Veränderung mit Gewalt).
  - Deutsch-deutsche Gespräche: Keine Fortschritte, aber immerhin eine Form der Annäherung.
  - **12. August 1970 „Moskauer Vertrag".**
    - Anerkennung der Unverletzlichkeit der innereuropäischen Grenzen.
    - Verzicht auf Gebietsansprüche in Europa.
      → Rechtlich war der Vertrag, welcher zwischen Scheel und Breschnew ausgehandelt wurde, ungültig, weil Bundestag erst noch zustimmen musste.
    - CDU und SPD liefern sich heftige Debatten, genau so heftig wie Frage nach Wiederbewaffnung.
    - Parlamentsresulution stimmt 249 vs. 247 für Vertrag ab (Stasi hat einen CDU Abgeordneten bestochen).
      => Ursache für Misstrauensvotum gegen Brandt (hat er gewonnen).
    - Anschließende Bundestagswahl hatte 91% Wahlbeteiligung und höchstes Ergebnis für SPD aller Zeiten → Symbolische Abstimmung für Ostpolitik.
  - **3. September 1971 „Viermächteabkommen".**
    - UdSSR erkennt Präsenz der Westmächte in Berlin an, Verbot der Sperrung von Zugangswegen → Verhinderung einer zweiten Berlin Blockade oder Ähnlichem.
    - Verbindung zwischen Westberlin und der Bundesrepublik garantiert.
  - **17. Dezember 1971 „Transitabkommen".**
    - Erleichterung des Transitverkehrs zwischen Westberlin und der Bundesrepublik.
  - **21. Dezember 1972 „Grundlagenvertrag" beschlossen.**

- BRD erkennt Souveränität der DDR an, aber nicht als Ausland angesehen worden.
  → Botschaft in DDR hieß deshalb nur *„Ständige Vertretung"*.
- Unverletzlichkeit der deutsch-deutschen Grenzen verankert, dennoch Möglichkeit der
  Wiedervereinigung offen gehalten.

- **Kurze Wiederholung.**
- Zeitraum von 1961 bis 1973 war geprägt vom Wandel in allen Ebenen des Staates.
  - Seit 1949 hat Adenauer regiert und mit dessen Rücktritt endete eine Ära.
- Nach Erhardt übernimmt die große Koalition und überwindet die Rezession.
- Brandt baut die Demokratie aus und schafft mehr Mitbestimmungsrechte.
- 1968er-Bewegung „Abschneiden alter Zöpfe" hat langfristige Bewegungen herbeigeführt.
- Misstrauensvotum wegen neuer Ostpolitik, neues Kapitel der deutschen Außenpolitik.
- Im Ostblock musste jede Aktion mit der UdSSR abgesprochen werden, andernfalls mit
  Waffengewalt eingeschritten (1953 DDR, 1968 Tschechoslowakei).

- **Zeitraum von 1973 bis 1989: Von Koexistenz zur Wende.**

- **Wirtschaftliche Entwicklung in der Bundesrepublik.**
- Oktober 1973 Jom-Kippur-Krieg zwischen Israel und Palästina.
  - OPEC Staaten setzen erstmals Öl als politisches Druckmittel ein.
  - Lieferboykott gegen Dänemark und Niederlande (über dessen Hafen Rohöl / Benzin nach
    ganz Europa geliefert wurde) und Preiserhöhungen gegen den Großteil der Welt.
- Ölkrise verändert die Weltwirtschaft nachhaltig.
  - Abkehr von den Bretton-Woods Vereinbarungen.
    - 1973 Dollar wird nicht länger als Leitwährung festgelegt.
    - 1971 Garantie Dollar in Gold einzutauschen wird aufgehoben.
  - 1975 treffen sich BRD, Japan, USA, UK, Frankreich und Italien als führende
    Industrienationen zum ersten Weltwirtschaftsgipfel.
    - Versuch die Welt- und Finanzwirtschaft zu regeln, zunehmend über politische Fragen
      diskutiert.
- BRD hatte 75% seines Rohöls aus arabischen Staaten bezogen.
  - **Sofortmaßnahmen**: Fahrverbote und Tempobeschränkungen.
  - **Langfristige Maßnahmen**: Ausweichen auf Kernkraftenergie.
    => Weltwirtschaft ist aus den Fugen geraten, weltweite Rezession, deutsche Industrie
    schwächelt.
  - Schock der Rezession war groß, Ende der Überflussgesellschaft, Arbeitslosigkeit steigt
    irreversibel an.
  - Deutsche Industrie war vom Export abhängig.
    - Foto-, Uhren- und Unterhaltungsindustrie straucheln und verschwinden nachhaltig.
    - Chemie-, Druckmaschinen- und Fahrzeugindustrie wächst weiterhin (VW Käfer ersetzt den
      VW Golf).
  - **Strukturelle Arbeitslosigkeit** entsteht in Deutschland.
    - Computer-Technologie kommt in USA und Japan auf, Deutschland verkennt diese
      Entwicklung und muss später importieren.
    - Humanisierung der Arbeitsplätze, da gefährliche, schmutzige, dreckige Arbeit von Robotern
      übernommen wurde.
    - Neue Arbeitsplätze in Wartung und Programmierung übersteigen
      Rationalisierungsentlassungen nicht.
    - Stahlindustrie schwächt ab, ausländische Konkurrenz kommt auf, Markt zunehmend
      gesättigt.
    - 75% der westdeutschen Stahlunternehmen werden geschlossen nach 1971.

- **Staatliche Maßnahmen gegen die Rezession.**
- Bis 1977 nach Keynes vorgegangen und Inflation anstelle von Arbeitsplätzen vorangetrieben.
- Nach 1977 Abwendung von Keynes und Rückkehr zum Modell nach Erhardt unter Kohl 1982.
  - Steuereinnahmen steigen, drei Millionen neue Arbeitsplätze geschaffen, Rezession schien abzuklingen.

- **Boom der deutschen Freizeitindustrie trotz Rezession.**
- Löhne und Gehälter steigen weiter an, deutsche Wohlstandsgesellschaft bleibt.
- 5. Jahreszeit für die Deutschen war der Urlaub.
  - Umfragen aus der Zeit offenbaren, dass Deutsche mehr wert auf Familie und Urlaub als Arbeit und Erfolg legen.
- Trendsport Aerobic kommt von Amerika nach Deutschland und begeistert die Massen.
- Fernseher wird immer wichtiger, vermittelt Leitbilder (Konsum, gesellschaftliche Themen).
  - Serien wie Dallas und Denver-Clan prägen die Gesellschaft.
  - Erst Anfang der 1990er kommt ein duales System auf: Private Sender entstehen neben den staatlichen → Zahlreiche erfolgreiche amerikanische Senderformate wurden kopiert.
  - In den 1980ern wurde die Infrastruktur mit Satelliten und Kabeln in Deutschland geschaffen.

- Aufklärung der Nazi-Vergangenheit erfolgt immer nur in Wellen.
- **1952 Luxemburger Abkommen.**
  - Deutschland versichert Israel über 12 Jahre hinweg eine Entschädigung i.H.v. 3,5 Mrd. DM.
  - Umstrittene Wiedergutmachung, führte zu kontroversen Diskussionen.
  - DDR sah sich als Sieger der Geschichte, deshalb keine Wiedergutmachung geleistet.
- **1960 Eichman-Prozess.**
  - Eichmann vom israelischen Geheimdienst in Argentinien aufgespürt und nach Israel gebracht worden, dort zum Tode verurteilt.
    → Einziger nicht-jüdischer Nazi, welcher in Israel zum Tode verurteilt wurde.
  - Eichmann hatte die Züge nach Auschwitz koordiniert und organisiert.
- **1963-1965 Auschwitz-Prozess.**
  - 20 Aufseher des KZs wurden angeklagt und verurteilt.
  - Frage nach Strafbarkeit von Gehorsam und nach Verjährung von (Völker-)Mord.
- 1966 NPD zieht in mehr als 5 Landtage ein mit durchschnittlich über 7%.
  - Rezession und kontroverse Debatte über Aufarbeitung der NS-Vergangenheit schüren den Rückhalt in der Bevölkerung.
    => Nach der Rezession war die NPD in keinem Landtag mehr vertreten.
- 1985 Weizsäcker hält eine Rede im Bundestag über den 8. Mai und nennt diesen Tag den Tag der Befreiung, nicht Eroberung.
  - Aufruf zur Erinnerung, Lehren sollen daraus gezogen werden.
- 1988 Jeninger (Bundestag-Sprecher) will die Faszination des NS-Regimes erklären und muss deshalb zurücktreten → Internationales Aufsehen erregt.

- **Gesellschaftliche Veränderungen in der BRD: Interessenvertretung.**
- Wichtige Folge der 1968er-Bewegung sind u.a. **Bürgerinitiativen.**
  - Kleine lokale Gruppen vertrauen nicht länger auf Politik und wollen ihr Glück selbst in die Hand nehmen; vertreten ihre Interessen gegenüber der Politik und fordern Veränderung.
    → Zwar oft nur belanglose Sachen (Mülldeponie-Verlagerung oder Schulhofgestaltung), aber Phänomen war neu..
- Gewinnen an Bedeutung, nähern sich Umweltaspekten an und wenden sich gegen Kernkraft.
- **1974 Wühl**: Aus ganz Deutschland reisen zehntausende Menschen nach Wühl um gegen den Bau eines Kernkraftwerkes zu protestieren.
- **1976 Brockdorf**: Militante Gruppen mischen sich unter die Demonstrierenden und liefern sich Schlachten mit der Polizei.

- **1979 Görleben**: Eigene Siedlung gebaut worden, versucht ein alternatives Leben aufzubauen. => Protest wächst und breitet sich national aus.
- **Friedensbewegung** entsteht aus Angst vor der Aufrüstung im Kalten Krieg.
  - Ende der 1970er beginnt die heiße Phase des Kalten Krieges.
  - UdSSR lagert SS20 Raketen mit mehreren Sprengköpfen auf LKW in DDR (damit man sie vom Satelliten aus nicht aufspüren konnte).
  - **1979 NATO-Doppelbeschluss** als Reaktion auf Stationierung der sowjetischen Raketen.
    - Abzug der Raketen verlangt, sonst werden Raketen in Westeuropa aufgestellt.
  - Starker Protest in Deutschland, Schmidt wird das Misstrauen ausgesprochen und Kohl wird Nachfolger.
  - Kohl will „Gleichgewicht des Schreckens" aufrecht erhalten und setzt Aufrüstung durch.
    - Angst vor sowjetischem Angriff, deshalb sollte Deutschland ausgebaut werden, sodass eventueller Angriff nicht mehr so erfolgreich sei.
  - 1983 hatte die UdSSR detaillierte Pläne für einen Präventionsangriff angefertigt.
    - Wegen erstem und zweitem Weltkrieg hatte UdSSR Angst schon wieder überrollt zu werden.
  - Hauptkriegsschauplatz im Falle eines Dritten Weltkrieges wäre Deutschland geworden.
    - „Atomarer Patt": Jede Großmacht hatte Angst Atombomben einzusetzen, da Vergeltungsschlag das eigene Heimatland treffen und nachhaltig verseuchen würde.
- **Umweltbewegung** war das Ergebnis des wachsenden Selbstbewusstseins.
  - 1961 Anfänge der Umweltbewegung, Brandt: „Der Himmel über der Ruhr soll wieder blau werden".
  - 1970 europäisches Naturschutzjahr ausgerufen worden, Bewusstsein der Menschen geweckt.
  - 1971 Bundestag verabschiedet erstes Umweltprogramm, 1974 Umweltbundesamt gegründet.
  - 1971 Greenpeace entsteht, Themen der Bewegung sind Treibhauseffekt, Saurer Regen und Ozon-Loch.
  - 1986 Unfall in Tschernobyl verstärkt die Umweltbewegung.
  - In der DDR kein Geld für Umweltprogramme, allerdings ein Anliegen der Bevölkerung gewesen.
    - **Silbersee**: Silbernitrat, Schwefelsäure etc. wurden in lokale Seen geleitet und mussten nach der Wende kostenintensiv abgetragen werden.

- **Was ist aus der APO geworden? - Aufstieg der RAF.**
- 1968 zündete eine kleine Gruppe der APO zwei Kaufhäuser an um gegen Kapitalismus zu protestieren, 4 Verdächtige, darunter Andreas Bader, gefangen genommen.
- 4. Mai 1970 Befreiung des Gefangenen Andreas Bader, Geburtsstunde der RAF.
- Protest gegen den Vietnam Krieg, Wirtschafts- und Staatsordnung mit Gewalt umgesetzt.
  - → Vorbild an den Stadt-Guerilla aus Südamerika genommen.
  => Deutscher Staat hatte bis dato keine Erfahrung mit Linksterror gemacht.
- 1972 Sprengstoffattentate mit 4 Toten verübt.
  - Palästinensische Terroristen stürmen das Olympia Dorf in Deutschland und erschießen die jüdischen Sportler.
  - Intensive Fahndung des Staates eingeführt, 5 führende Köpfe der ersten RAF-Generation verhaftet worden.
- Rechtsstaat wehrt sich rechtsstaatlich gegen den Terror.
  - 1972 Grundgesetz geändert um Möglichkeiten für die Terrorbekämpfung zu schaffen.
  - 1974 Reform des Strafverfahrens, Verteidigung vor Gericht kann im Falle von Terrorismus ausgeschlossen werden.
  - Wenn Angeklagter sich selbst handlungsunfähig macht (durch Hungerstreik), kann Prozess in dessen Abwesenheit geführt werden.
- 1974 Zweite Generation der RAF führt Attentate durch (Buback, Ponto).
- 1975 Prozess gegen RAF-Häftlinge, bekommen lebenslänglich.
- „Deutscher Herbst 77" Höhepunkt des RAF Terrors in Deutschland.

- RAF will Gesinnungsgenossen freipressen durch Entführung von Schleyer.
- Palästina unterstützt die RAF indem sie deutsche Lufthansa-Maschine entführt.
- Sondereinheit der GSG-9 befreit diese und inhaftierte Mitglieder der RAF begehen
  Selbstmord.
  => Nach 1977 wird die RAF zurückhaltender, viele RAF-Terroristen erhalten eine neue
  Existenz in der DDR.
- 1989 wird die RAF offiziell von der Führung aufgelöst.

- **Politische Entwicklung in der BRD.**
- SPD gewinnt die Wahlen 1978 und 1980 mit der FDP, aber Haltung zum NATO-
  Doppelbeschluss und Wirtschaftspolitik entfremden beide Parteien.
- FDP wendet sich CDU zu, spricht Schmidt Misstrauen aus, Nachfolger wird Kohl.
- Bei den vorgezogenen Bundestagswahlen 1983 wird Kohl im Amt bekräftigt, CDU und FDP
  stellen die Regierung.
- Partei „Die Grünen" wird gegründet und wirkt irritierend auf die anderen Parteien.
  - Verhält sich nicht dem Politik-Knigge entsprechend.
  - 1980 noch 1,5% waren es 1983 schon über 5%.
  - Unterscheidung von *Realos* (für Regierungsbeteiligung) und *Fundis* (dagegen).
    => In Hessen kommt 1985 Joschka Fischer mit SPD Koalition an die Macht.

- **Politische Situation in der DDR.**
- **Versorgungsprobleme.**
  - Auf dem 8. Parteitag 1971 wurde der Konsumsozialismus durch Honecker verkündet.
    - Höheres Entwicklungstempo, Ausgaben für Forschung stiegen, Produktivität auch.
    => Versprechen eines besseren Lebens muss erfüllt werden, um Rückhalt im Volk zu erhalten.
  - Ende der 1960er war Versorgung mit Konsumgütern besser, aber mit Rückkehr zur neuen
    Planwirtschaft verschlechterte sich Situation wieder.
  - „Bückware": Stark nachgefragte Ware, welche man nur unter der Hand eintauschen konnte.
  - Regierung wirft mit Geld um sich, Löhne steigen, Produktivität und Arbeitswille werden mit
    Prämien und Orden belohnt.
    → Angebote das Geld auch auszugeben waren gering.
  - „Blaue Kachel" (100-DM Schein) nachgefragt gewesen, damit konnte man wertvolle
    Bückware erhalten.
  - In Transitläden gab es alles, was in DDR benötigt war, es wurde allerdings nur DM akzeptiert.
    → DDR duldet diese Läden um einerseits DM aus der DDR zu entfernen und andererseits um
    davon zu profitieren.
  - **Delikatläden**: Nahrungsmittel im Überfluss angeboten, allerdings zu deutlich höheren
    Preisen.
  - **Exquisitläden**: Simultan für Bekleidung.
    => Bevölkerung wird zunehmend ungehalten über die Versorgungsprobleme.
- **Reiseprobleme.**
  - Urlaub war Mangelware, es gab keine Auslandsreisen, höchstens in andere Ostblock-Staaten.
  - Reisen innerhalb der DDR wurden anfangs nur durch den FDGB, später auch über Betriebe
    organisiert.
  - Lösung des Problems war Camping, was anfangs noch verteufelt wurde.
    → Unter Honecker Lockerung dieser Einstellung.
- **Wohnraummangel.**
  - Kernstück Honeckers Reformen war Plattenbau („Arbeiterschließfächer").
    - Groß, geräumig, schnell aufgebaut, billig im Aufbau, Unterhalt und subventionierte Mieten.
  - Gleiches Output wie in BR D musste mit 60% mehr Personal und 50% mehr Maschinen
    erzeugt werden, da Fachkräfte ungeschult und Maschinen veraltet.
  - Arbeitsreserve waren die Frauen und Gastarbeiter.

- **Emanzipation / Ausbeutung der Frau in der DDR.**
- Gleichberechtigung von Honecker immer als größte Errungenschaft des Sozialismus gerühmt.
- 1960er wurden Schulen und Universitäten für Frauen eingeführt um diese zu schulen.
  - → Folge waren abnehmende Geburtenraten, deshalb wurde Mutterrolle propagiert.
  - => Idealbild der Frau: Arbeiterin und Mutter zugleich.
- 1968 Verfassungsänderung: Frauen müssen arbeiten gehen, Hausarbeit nicht als sinnvolle Beschäftigung angesehen.
- 1970er Ausbau der Kinderkrippen und -horte ermöglichen es den Frauen Beruf und Kinder zu vereinen.
  - => 91% der erwerbsfähigen Frauen der DDR sind 1989 beschäftigt.
- Frühe Hochzeit (vor 26 Jahren) wurde mit Ehestandsdarlehn belohnt.
  - 5.000 bis 7.000 Mark zinslos erhalten, ab drei Kindern musste es nicht mehr zurückgezahlt werden.
    - => Anstieg der Hochzeiten und Kinder, später hohe Scheidungsrate.
- Frauen werden zunehmend in bestimmte Sparten gedrängt.
  - Verkäuferinnen, Textilverarbeiterinnen sind typische Jobs, welche wegen geringer Qualifikation entsprechend schlecht vergütet werden.
    - => Verdrängung der Frau aus gehobenen Positionen trotz geeigneter Qualifikation.
  - „Muttipolitik": Betriebe wollen wegen Mutterzeit möglichst wenig Frauen im Betrieb.
    - => Gleichberechtigung herrschte lediglich auf dem Papier vor.

- **Entspannungsphase nach der „Neuen Ostpolitik".**
- 1967 KSZE (Konferenz über Sicherheit und Zusammenarbeit in Europa) gestartet, sollte Konferenz von europäischen Staaten um Einfluss Amerikas aus Europa zu verdrängen.
- 1973 KSZE in Helsinki mit USA und Kanada abgehalten.
  - Ergebnis ist Schlussakte, Absichtserklärung, kein verbindlicher Vertrag.
    - Internationale Anerkennung aller Teilnehmer (im Interesse der DDR).
    - Menschenrechte und Grundfreiheiten anerkennen (im Interesse des Westens).
  - Vertrauensbildende Maßnahmen geschaffen: Internationales Anmelden und Beobachten von Militärmanövern.
  - => Ausgang der Verhandlungen für SED und Honecker anders als erwartet.
- Oppositionsgruppen entstehen und können sich auf KSZE berufen.
  - Ausbürgerung des kritischen Künstlers Rolf Biedermann sorgt nicht nur für nationale Empörung.
    - => Viele DDR-Bürger haben sich mit Situation arrangiert, Opposition war eine Minderheit.

- **Außenpolitische Begebenheiten.**
- 1979 SS20 Raketen werden nahe der deutsch-deutschen Grenze stationiert (UdSSR).
  - NATO reagiert mit Doppelbeschluss und Androhung Purshing II Raketen in BRD zu stationieren → Kalter Krieg wird wieder heiß.
- UdSSR marschiert um die Weihnachtszeit in Afghanistan ein um das kommunistische Regime zu unterstützen → Stellvertreterkriege sorgten für Frieden in Europa.
  - => Gleichgewicht des Schreckens verhinderte militärische Eskalation in Europa.
- Hardliner Reagan (USA) wollt ein Abwehrsystem im Weltall etablieren.
  - → Atomarer Patt wäre zugunsten Amerikas aufgelöst worden.
- 1985 Gorbatschow kommt an die Macht.
  - 1931 geboren gehört er der Nachkriegsgeneration an, welche nicht von Erfahrungen des deutschen Überfalls in UdSSR geprägt war.
  - Sucht Kontakt mit USA und führt Abrüstung der Mittelstreckenraketen herbei.
- **1987 INF-Vertrag über den Abbau von Mittelstreckenraketen.**
  - Lediglich 10 Exemplare von SS20 und Purshing II existieren in Museen.

- Bedrohung in Europa wurde dadurch gemildert, beide Streitparteien jedoch immer noch in der Lage sich mit Transkontinentalraketen zu bedrohen,
- Im Nachhinein stellt sich heraus, dass Gorbatschow Mittelstreckenraketen nicht benötigte, hatte eine ausreichend starke Streitmacht um Europa auch ohne Atombomben militärisch erobern zu können.
- 1987 Gorbatschow gesteht ein, dass Regierung Fehler gemacht hat und führt **Glasnost** und **Perestroika** ein.
  - Gorbatschow wird im Westen wie ein Held gefeiert.
  - Abwendung vom Breshnew-Doktrin (Vorherrschaftsanspruch der UdSSR im Ostblock).
  - Autonomie der Ostblock-Bruderstaaten, Veränderung = Verbesserung des Sozialismus gewollt.
  - DDR will nicht bei Reformen mitmachen, Zeitung „Sputnick" wird von DDR zensiert.
    => Reformbewegung im Ostblock soll nicht auf DDR übergreifen.

- **Innerdeutsche Beziehungen.**
- 1987 Kohl: „Politik der kleinen Schritte", auf das Machbare konzentrieren, Wiedervereinigung angestrebt, aber in ferner Zukunft.
- Ambivalente Beziehung zwischen BRD und DDR.
  - DDR hatte finanzielles Interesse an BRD, betrieb deshalb „Menschenhandel" mit politischen Gegnern und Gefangenen.
  - BRD möchte menschliche Kontakte zulassen, humanitäre Erleichterungen schaffen, Freilassung politischer Gegner, Zusammenführung von Familien.
  - Zwischen 1961 und 1989 wurden insgesamt über 215.000 Menschen von BRD aus DDR freigekauft für 3,5 Mrd. DM (1989 Preis für einen Gefangenen bei 96.000 DM).
- 1982/83 Weil DDR in Zahlungsschwierigkeiten ist, vermittelt Kohl zwei Milliardenkredite.
  - Gegenleistung: Selbstschussanlagen abbauen, Ausreisegenehmigungen erhöhen, Freikäufe politischer Gefangener erlauben.
    => SED gefiel dieser Kurs nicht, deshalb weitere Abschottung trotz Angewiesensein auf DM.
- 1974 wurde Wiedervereinigungsgebot unter Sozialismus aus Verfassung gestrichen.

- **Oktober 1989 „Schürer-Gutachten":**
  - 2 Millionen neue Wohnungen wurden in der DDR unter Honecker gebaut, jedoch notwendige Reparaturen unterlassen.
    - Plattenbauten sind fade und hässlich, „Arbeiterschließfächer".
  - Fokus auf Mikroelektronik gelegt (im Interesse der Staatssicherheit).
  - DDR Regierung hat „blaue Kachel" in „Forumscheck" umtauschen lassen, damit DDR Bürger Westwährung nicht horten.
    - „Lieber eine Tante im Westen, als einen Onkel im Politbüro", Onkel konnte politisch helfen, aber Tante dringend benötigte Waren liefern.
    - 1988 25 Millionen Pakete von West nach Ost geschickt, DDR hatte 20 Mio. Einwohner.
  - **Kompensationsgeschäfte** der DDR um an Geld zu kommen.
    - DDR produziert für den Westen und erhält dafür Valutamark.
  - Kleinste Steuervergehen wurden akribisch aufgespürt und Privatbesitz des Schuldigen verstaatlicht um an Geld zu kommen.
  - **Staatsausgaben der DDR.**
    - 25% in Subventionen von Lebensmitteln.
    - Großteil in das Ministerium für Staatssicherheit.
    - Große Menge in die Ausrüstung, Training und Manöver der NVA.
- Schürer soll wirtschaftliche Entwicklung der DDR analysieren und Schlussfolgerungen aufstellen.
  - Verschuldungsgrad gegenüber dem Westen stieg von 2 Mrd. Auf 49 Mrd. Valutamark an.
  - Stellt Zahlungsfähigkeit der DDR generell in Frage → Staatsbankrott.

- 1986 bis 1990 gibt es einen deutlichen Importüberschuss in der DDR.
- Produktivität der DDR liegt 40% unter jener der BRD.
- Zahl der Beschäftigten mit manueller Arbeit ist seit 1980 nicht mehr gesunken.
- Produktion in 100 Dingen: Unternehmen sollten auch kleinere Produkte für eigenen Bedarf herstellen (z.B. Stahlunternehmen Radios für Mitarbeiter) und konnte sich deshalb nicht spezialisieren.
- Getreide muss massenhaft importiert werden, Straßen- und Eisenbahnnetz dringend saniert werden.
- Geld wurde falsch investiert (Prestigeprojekt Mikroelektronik) und wichtige Industrien vernachlässigt (Zulieferer- oder Konsumgüterindustrie).
- Reparaturmaßnahmen werden nicht durchgeführt, Verschließgrad im Baugewerbe bei 69%, viele Maschinen wurden nie ersetzt oder konnten nicht repariert werden.
  → Verfall der vorhandenen Bausubstanz.
- Gehälter und Löhne steigen, aber es gibt keinen entsprechenden Güterzuwachs.
- Geldüberhang geschaffen, wird nicht mit Waren gedeckt, Sparvermögen wächst, da keine Möglichkeit das Geld auszugeben, Zinszahlungen größer als Warenzuwachs.
  → DDR zahlt Löhne mit Sparguthaben, da es niemand merkt.
  => Wirtschaftsordnung der zentralen Planwirtschaft ist nicht effizient / unwirtschaftlich, Mengenvorgaben werden von Leuten bestimmt, welche die Industrie und das Unternehmen nicht kennen, Produktion wird zu teuer.
- **Schlussfolgerungen – Grundsätzliche Änderung des wirtschaftlichen Systems.**
- Leistung und Verbrauch müssen wieder übereinstimmen (mehr Waren schaffen).
- Produktivität steigern, Arbeitsplätze in Verwaltung kürzen und Angestellte in die Produktion schicken.
- Leistungsanreize schaffen, nicht Orden und Prämien wegen Mitgliedschaftsdauer verteilen, sondern wegen Leistung.
- Bessere Form der Zusammenarbeit im RGW (Rat der gegenseitigen Wirtschaftshilfe).
  => Selbst wenn dies in bester Qualität erfüllt werden würde, werden Schulden weder abgebaut noch gestoppt.
- Würde Neuverschuldung gestoppt werden, würde Lebensstandard in DDR um 25% sinken und somit unregierbar werden.
- **Lösungsansätze.**
- Kooperation mit Japan und Frankreich, da diese den Einfluss der BRD eingrenzen wollten.
- Tourismus erhöhen, Olympische Spiele 2004 abhalten.
- BRD Rechnung i.H.v. 100Mrd. DM stellen für verlorene Wirtschaftsleistung durch Flüchtlinge.
  => Ausschlaggebend für das Verhalten der DDR-Führungselite in den Jahren 1989/90

- **Das Ministerium für Staatssicherheit.**
- Stasi hat die DDR über 2,5 Mrd. Mark jährlich gekostet.
- Kompetenzen wurden nie gesetzlich festgelegt, sodass Gefangene / Misshandelte nicht klagen konnten.
- Stasi hatte ca. 90.000 Hauptamtliche und zwischen 130.000 und 175.000 Inoffizielle Mitglieder (Ende 1980).
- Stasi Mitglieder wurden rekrutiert, Mitarbeiter wurde man auf Lebzeiten.
- Wenn Stasi Mitarbeiter in den Westen flohen, wurden sie ausfindig gemacht, entführt und öffentlich in DDR hingerichtet wegen Landesverrat.
  => Hauptziel der Stasi war es ein neues 1953 zu verhindern, Republikflüchtlinge aufzufinden, Fluchtversuche zu unterbinden und die Opposition zu bekämpfen.
- In Einmachgläsern wurden Schweißproben von Verhörten gesammelt, damit Spürhunde die Flüchtigen schneller auffinden konnten.

- Nach Verhören begingen Verdächtige oft Selbstmord wegen psychologischen Spielchen.
- Stasi schuf öffentliche Ächtung, wenn nicht verhalten wie gefordert.

- **Oppositionsbewegung in der DDR.**
- Opposition forderte Meinungsfreiheit, richtete sich in evangelischer Kirche ein und berief sich auf KSZE-Schlussakte → Nutzte Druckmaschinen der Kirche.
- 1988 an offizieller Rosa Luxemburg Demonstration nahmen auch viele Oppositionelle teil.
- Kleine Minderheit in Gesellschaft (4 bis 5-stelliger Bereich), aber wichtige Rolle im Zusammenbruch der DDR gespielt.
- Frühjahr 1989 Unzufriedenheit mit wirtschaftlicher Situation wächst, UdSSR verzichtet auf Hegemonialmachtsanspruch, Oppositionsbewegung als Indikator für Erneuerung.

- **Ereignisse bis hin zum Mauerfall.**
- **7. Mai 1989 Kommunalwahlen in DDR.**
  - SED gewinnt mit 99%, jedoch enthüllt Befragung durch Opposition, dass zu viele Bürger aus Trotz gegen Regime gestimmt haben.
    → Manipulierte Wahlen führt zu öffentlicher Empörung.
- 2. Mai 1989 Ungarn öffnet die Grenzanlagen und damit den Eisernen Vorhang.
  - Viele DDR Urlauber nutzen die Chance über Österreich nach Deutschland zu fliehen.
- September 1989 Ungarn beschließt, dass DDR Bürger frei über Ungarn fliehen dürfen.
  - Warschauer Pakt verpflichtet zu Hinderung, Gefangennahme und Überstellung von Flüchtigen
    → In wenigen Monaten fliehen über 24.000 Menschen aus der DDR.
- Botschaften in Prag, Budapest, Warschau und Ständige Vertretung in DDR werden besetzt und Ausreise aus DDR politisch erzwungen.
  - „Abtransport" sollte durch DDR Gebiet führen, damit die Flüchtlinge vor Augen geführt bekommen, was sie mit Flucht aufgaben.
  - Stasi und NVA sollen aufpassen, dass niemand vom Zug abspringt oder aufspringt.
    - NVA Soldaten wurden als Hundertschaften der Polizei eingesetzt; Dilemma der Zeit zeigt sich: NVA weigert sich gegen eigenes Volk vorzugehen, Militärs trauen sich nicht zu entscheiden, ob NVA mit Waffengewalt für Ruhe sorgen soll, Verteidigungsminister entzieht sich der Verantwortung.
- 9. September 1989 erste Montagsdemonstration in Leipzig mit 1.000 Teilnehmern.
  - Protestanten wollen in DDR bleiben, nicht fliehen, fordern Reformen.
  - Grundlage für die Gründung zahlreicher Oppositionsbewegungen.
    - 10. September „Neues Forum", 12. September „Demokratie jetzt", 7. Oktober SDP (DDR-SPD).
- **7. Oktober 1989** 40. Jahrestag der DDR mit Repression durchgesetzt.
  - Oppositionelle verhaftet, Demonstrationen gewaltsam aufgelöst.
    - Stasi soll feindlich-negative Maßnahmen gründlich und vorsorglich unterbinden.
  - Prunkvolle Militärparade dargeboten, Prostest der Westmächte, da Berlin als entmilitarisiert gilt.
  - Gorbatschow besucht DDR und fordert (politische) Reformen.
    - Übersetzer formuliert zugespitzt: *Wer zu spät kommt, den bestraft das Leben"*, was Opposition SED intensiv vorhält.
  - Rumänischer Diktator und Honecker beraten über Grenzdurchlässigkeit.
- **3. - 4. Juni 1989 Massaker auf Pekinger „Platz des himmlischen Friedens".**
  - Oppositionelle Bürgerbewegung in China brutal niedergeschlagen.
    - **„Chinesische Lösung"** in kommunistischen Ländern, besonders der DDR, intensiv gelobt.
      - Einschüchterung der Opposition, da DDR auch für solche Methoden offen zu sein schien.
- **9. Oktober 1989 Montagsdemonstration** in Leipzig mit 90.000 Menschen.
  - Honecker befiehlt konterrevolutionäre Demonstration mit aller Waffengewalt niederzuwerfen.
  - Kinder und Jugendliche mussten um 15 Uhr aus der Schule abgeholt werden.

- Krankenhäuser bereiteten sich auf viele Verletzte vor.
- Bereitschaftspolizei rückt schwer bewaffnet an.
  => Chinesische Lösung bleibt unerwarteter Weise aus, weil keine Unterstützung von sowjetischen Soldaten und Panzern zu erwarten.
  => **„Letzter Tag der DDR"** denn wegen friedlichen Ablauf hat Opposition Demonstrationsrecht durchgesetzt.
- 16. Oktober 1989 120.000 Menschen protestieren in Leipzig unter dem Banner „Wir sind das Volk".
- DDR Führung ist auf sich allein gestellt, hat keine Optionen mehr.
- 18. Oktober 1989 Egon Krenz ersetzt Honecker als Oberhaupt der DDR.
- Honecker nach gleicher Ausrede wie Ulbricht zurückgetreten, Krenz übernimmt Führung eines maroden, ausgehöhlten Systems.
- 7. November 1989 Ministerrat der DDR tritt zurück, 8. November Politibüro.
  => Im Westen Angst vor Zerschlagung und Destabilisierung Europas, bleibt aber aus.
- **9. November 1989 Öffnung der Mauer.**
- Mauer wird immer noch stark bewacht, Ausreise nur für Senioren, Invalide und Verwandte erlaubt.
- Schabowski verliest Reformen der DDR, darunter um **18:58** Uhr auch **Öffnung der Mauer**.
  - Auf Nachfragen hin wird deutlich, dass Schabowski nicht weiß, was er vor ließt.
  - Öffnung der Mauer hätte erst am **10. November** in Kraft treten sollen.
  - Reaktionen eher zurückhaltend, Kohl ruft zum Abwarten auf.
  - Als bekannt wurde, dass Grenze offen war, strömten Massen von DDR-Bürger in den Westen.
- **Massenflucht nach Maueröffnung.**
- 2000 DDR-BürgerInnen fliehen täglich wegen der ökonomischen Talfahrt und zunehmender Unregierbarkeit in den Westen.
  => Volk drängt auf Wiedervereinigung, „Wir sind das Volk" → „Wir sind ein Volk".

- **Auf dem Weg zur Wiedervereinigung.**
- Ende November 1989 wird BRD aktiv, Kohl stellt den 10-Punkte-Plan vor, mithilfe dessen BRD und DDR näher aneinander rücken sollen → Ziel war eine Konföderation und anschließend eine Wiedervereinigung als langfristiges Ziel.
- Macht der SED schwindet weiter, Februar 1990 in PDS umbenannt.
- **7. Dezember 1989 Erstes Treffen des Runden Tisches in DDR.**
- Anlehnung an polnischen Reformprozess (kommunistisches Regime wird Republik).
- Kirche führt **„alte Eliten"** und Opposition als Nebenregierung zusammen.
- Initiiert Übergang zur Demokratie (freie Wahlen, neue Verfassung, Auflösung des MfS).
  => **„Demokratie Jetzt"** beratschlagt und beeinflusst Modrow intensiv.
  => Politische Eigenständigkeit der DDR aufrecht zu erhalten gewollt.
- **Zukunft der DDR wird im Wahlkampf heftig diskutiert.**
- **Artikel 23 GG:** Beitritt der DDR in deutschen Geltungsbereich (Forderung der CDU)
- **Artikel 146 GG:** Verfassung vom gesamtdeutschen Volk verabschieden (Forderung der SPD).
  - Übergangsregierung wollte neue Verfassung, damit DDR-Identität nicht völlig verloren geht.
  - Linke Parteien fürchten Verlust moralischer und wirtschaftlicher Werte; Wollen DDR reformieren: freier, gerechter, grüner gestalten.
- **18. März 1990 Erste, freie Volkskammerwahlen der DDR.**
- Wahlbeteiligung über 93% **Allianz für Deutschland** (CDU, Demokratischer Aufbruch, DSU (deutsche soziale Union)) gewinnen überraschend mit 48%.
  => Klarer Sieg für die Wiedervereinigung.
- Währungsreform musste schnell vorbereitet werden, da DDR-Bürger in Westen flohen, weil Ostmark nichts wert war.
- **1. Juli 1990 Staatsvertrag.**

- Schaffung einer **Wirtschafts-, Währungs- und Sozialunion** zwischen DDR und BRD.
  - Soziale Marktwirtschaft und weite Bereiche der Rechtsordnung in DDR übernommen worden.
- **Positionen zur Wiedervereinigung in der Wirtschaft.**
  - Kohl legt Fokus auf Wirtschaftswachstum der BRD, Investitionsversprechen und Wiedervereinigungsboom.
    - Realität führt zu Enttäuschung der Wähler, Folge ist geringstes Wahlergebnis der CDU in folgender Bundestagswahl.
  - Wirtschaftsexperten fürchten problematischen Zustand der DDR-Wirtschaft.
- **1. Juli 1990 D Mark in DDR eingeführt worden.**
  - Banken erachten Wechselkurs 4,31:1 für realistisch, Kohl verspricht 1:1 für Löhne, Gehälter, Renten, Stipendien, Mieten, Pachten und Bargeld bis 4000 Mark.
  - => DDR verliert finanzielle Souveränität.

- **Reaktionen / Haltungen des Auslands gegenüber der deutschen Wiedervereinigung.**
  - Ausland war Wiedervereinigung überwiegend negativ gegenüber eingestellt.
  - Amerika war dafür, Bush sah Sieg des Kapitalismus und Erweiterung der NATO vor.
    - → Stößt 2+4-Verhandlungen an.
  - Israel hat Angst vor einer erneuten Gefahr von deutschem Boden.
  - Polen fürchtet um eine Verschiebung der Oder-Neiße-Linie.
    - → Juni 1990 Bundestag und Volkskammer erkennen die Oder-Neiße-Linie an.
  - Frankreich fürchtet eine Übermacht Deutschlands in der EWG.
  - England sieht eigene Vorreiterrolle in Europa gefährdet (nachdem Vorreiterrolle in Welt schon eingebüßt wurde).
    - Margareth Thatcher lässt Expertenkommission aus Historikern und Politologen zusammenkommen, sprechen sich gegen deutsche Wiedervereinigung aus, Gefahr sei zu groß.
    - Thatcher versucht bis zuletzt Gorbatschow davon abzubringen der Wiedervereinigung zuzustimmen.
    - => Freie Bündniszugehörigkeit Deutschlands, kein Zwang dem Warschauer Pakt oder NATO beizutreten, freie Wahl.
    - Verbot der Stationierung ausländischer Soldaten auf ehem. DDR Gebiet, NATO Zugehörigkeitsgebiet endet in BRD und fängt in Polen wieder an.
    - → Zugeständnis an UdSSR, NATO dehnt Einfluss nicht weiter nach Osten aus.
- **Kohls Politik der Beschwichtigung** (Will Ängste des Auslands vor deutscher Einheit nehmen).
  - Verweist auf Einbindung in **NATO** und **KSZE-Prozesse** sowie Abrüstung und Rüstungskontrolle.
  - Betont zukünftige Rolle Deutschlands als integrierter, friedlicher Partner der EG.
    - Euro ist Zugeständnis an England und Frankreich, soll nationale Interessen Deutschlands verblassen lassen.
  - Kohl fördert Vertrauen zur UdSSR und kann Gorbatschow von Wiedervereinigung überzeugen.
    - Übernimmt Lebenshilfe (Lebensmittelversorgung) und finanzielle Entlastung für Veteranen (Häuserbau, Grabmalpflege) um Wohlwollen der Sowjetunion zu erlangen.
    - → Kleinigkeiten im Vergleich zu deutscher Einheit.
- 23/24. August 1989 Volkskammer beschließt Beitritt zur BRD am 3.10.1989.
- 31. August 1989 Bundestag stimmt Einigungsvertrag zu.
  - → Parallele Zustimmung durch Siegermächte.
- 12. September 1989 Siegermächte unterzeichnen 2+4 Vertrag.
- 2. Oktober 1990 Berliner Deklaration wird aufgehoben.
  - => Offizielles Ende des Zweiten Weltkrieges.
- **2+4 Vertrag.**

- Staatsgebiet Deutschlands umfasst BRD und DDR.
- Deutsch-polnische Grenze ist die Oder-Neiße-Linie.
- Deutschland verzichtet auf ABC Waffen.
- Bundeswehr wird auf 350.000 Soldaten reduziert.
- Bis 1994 müssen sowjetische Soldaten aus ehem. DDR abziehen.
  - Keine ausländische Truppen dürfen in DDR stationiert werden, NATO darf nicht Nachrücken.
- Deutschland bekommt volle innere und äußere Souveränität.
  => Ersetzt den Friedensvertrag mit den Siegermächten.

- **Ausblick auf die Zeit nach der Wiedervereinigung.**
- *Treuhandanstalt* (schon von Volkskammer vor Wiedervereinigung gegründet worden) übernimmt 8.000 VEB mit über 40% der Beschäftigten.
  - Aufbau gelingt langsam, dafür aber Schließung vieler Firmen und Entlassung zahlreicher Arbeitskräfte notwendig.
  - BRD investiert 1,5 Billionen in Aufbau der DDR.
- *Kulturelle Unterschiede* hemmen die Integration.
- *Aufarbeitung der SED-Diktatur* durch Gauck Behörde, Frage ob Stasi-Akten öffentlich zugänglich gemacht werden sollen; Angst vor Selbstjustiz.
  - Anklage führender SED-Funktionäre, jedoch fast alle wegen Alter freigesprochen oder milde bestraft worden, nur Krenz wird zu Haftstrafe verurteilt.
- Neue *Hauptstadt* wird Berlin, Symbol des Neubeginns und Rückbesinnung auf Tradition.
- *Ära Kohl* endet, Schröder übernimmt.
- *Neue Rolle Deutschlands in der Welt*, Sicherheitspolitik: Bundeswehr nicht länger gegen den Ostblock gerichtet, darf auch Einsätze außerhalb des NATO Gebietes durchführen, wenn Bundestag zustimmt.
- *Europäische Integration* vorangetrieben, Schengen Abkommen, Passkontrollen in EU abgeschafft.